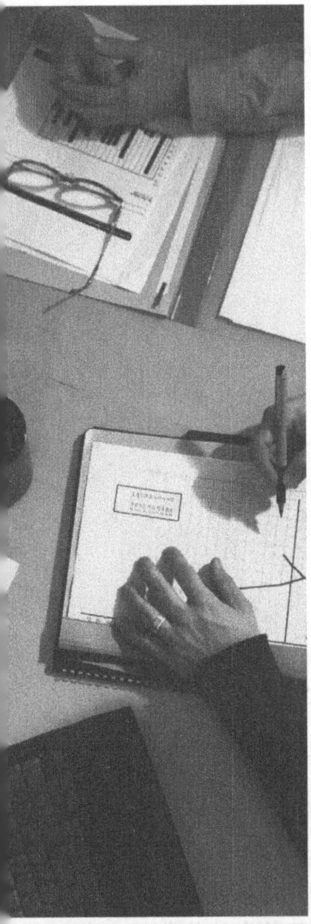

全国商业职业教育教学指导委

工业和信息化高职高专“十三五”规划教材

高等职业教育财经类**名师精品**规划教材

BASIC ACCOUNTING
PRACTICE

会计基础实训（第2版）

程淮中 笪建军 主编

人民邮电出版社

北京

图书在版编目（CIP）数据

会计基础实训 / 程淮中，笪建军主编. -- 2版. -- 北京 : 人民邮电出版社，2017.1（2022.1重印）
高等职业教育财经类名师精品规划教材
ISBN 978-7-115-43969-7

Ⅰ. ①会… Ⅱ. ①程… ②笪… Ⅲ. ①会计学－高等职业教育－教材 Ⅳ. ①F230

中国版本图书馆CIP数据核字(2016)第263114号

内容提要

本书是全国商业职业教育教学指导委员会推荐教材《会计基础与实务（第 2 版）》（书号：978-7-115-43299-5）的配套用书，是针对会计工作岗位对会计从业人员的职业能力和素质要求，紧扣高职高专院校会计专业人才培养目标，充分吸纳近几年高职会计教学改革的最新理念和成果，选用最新的票证、单证，将会计的基本技能融入单项实训和综合实训之中而开发的会计实训教材。

本书内容包括三部分：第一部分是会计基础实训的目的和要求；第二部分是会计基础单项实训；第三部分是会计基础综合实训。全书突出仿真性，体现真实感。通过来源于真实企业经济业务原始凭证的整合和设计，将学生的实训与实际工作所需的职业能力紧密结合起来，用良好的会计从业规范培养学生，从而使学生能较快地跨入会计的门槛。

本书可作为高职高专院校会计及相关专业会计基础课程的配套实训教材，也可作为各类会计人员的岗前培训用书。

◆ 主　　编　程淮中　笪建军
责任编辑　李育民
责任印制　焦志炜

◆ 人民邮电出版社出版发行　　北京市丰台区成寿寺路 11 号
邮编　100164　　电子邮件　315@ptpress.com.cn
网址　http://www.ptpress.com.cn
北京天宇星印刷厂印刷

◆ 开本：787×1092　1/16
印张：16.25　　2017 年 1 月第 2 版
字数：259 千字　　2022 年 1 月北京第 6 次印刷

定价：36.00 元

读者服务热线：(010)81055256　印装质量热线：(010)81055316
反盗版热线：(010)81055315
广告经营许可证：京东市监广登字 20170147 号

编委会

山东省经济管理干部学院	刘　泽　教授
广州番禺职业技术学院	杨则文　教授
江苏财经职业技术学院	张卫平　教授
江苏财经职业技术学院	卢海涛　教授
浙江商业职业技术学院	陈　强　教授
山西省财政税务专科学校	赵　轶　副教授
浙江工业职业技术学院	徐文杰　教授

序

一个国家经济社会的发展，主要是靠自然资源、物质资源和人力资源，但是我们不能仅依靠对自然资源破坏性的开发和对物质资源的大量消耗、浪费来发展社会经济。由于我国自然资源比较贫乏，物质资源也相对有限，所以我们要实现经济社会的持续发展就要建设人力资源强国。当前，我国处于从一个人力资源大国向人力资源强国转变的关键时期，要实现这样的转变就必须大力发展教育。人力资源理论指出教育对于经济的增长有重要作用，以 1926—1957 年的美国为例，其经济增长中有近三分之一是来自人力资源增长的贡献。所以一个国家经济社会要发展，首先就要发展教育，特别是发展职业教育，因为职业教育是为一线生产、服务、管理等部门培养高素质的劳动者和技术技能型应用人才的，这些人才的素质高低直接关系到一个国家经济社会的发展的规模、速度和效益。因此可以说，国家之间的实力竞争，归根结底是人才的竞争，是一线劳动者和技术技能人才综合素质的竞争，所以抓职业教育发展就是抓经济社会发展。

为了更好地促进职业教育商业类专业的发展，教育部和商务部牵头成立了全国商业职业教育教学指导委员会，其主要职能之一就是“研究商业职业教育的人才培养目标、教学基本要求和人才培养质量的评价方法，对专业设置、教学计划制定、课程开发、教材建设提出建议”，推进职业教育课程衔接体系建设，全面推进现代职业教育体系的建设，推动职业教育商业类人才的培养。

进入 21 世纪以来，随着中国经济实力的飞速提升，中国商业获得了巨大的发展，发生了深刻的变化。与商业相关的多个行业领域也重获新生且飞速发展，不仅各行业内部的繁荣程度得到不断提升，行业对外开放程度，行业的法制建设、人才建设等各方面都取得了显著成就，上升到了新的水平。我国商业及相关经济行业的飞速发展，既为商科职业教育的发展带来了勃勃生机，也同时带来了新的挑战。以往商科高等职业教育更多借鉴原专科教学经验，教学内容和教学形式多为原专科教学的“翻版”，尤其是教材，很多经典教材都由从事本专科教学的教师编写。实践证明，这些教材越来越难以满足高等职业教育应用性强及以就业为导向的教学需要。正是基于这样的考虑，2012 年年初，人民邮电出版社发起了“职业教育财经类名师精品教材建设项目”，这个“聚名师、建精品、促教学”的有益之举甫一出台就得到全国多家知名高职院校的支持和响应。同年仲夏，该项目在北京召开了项目启动仪式及专家委员会组建大会，之后历时一年，该项目的成果终能付梓，也就是现在呈现给各位读者的“高等职业教育财经类名师精品规划教材”。

作为“职业教育财经类名师精品教材建设项目”专家委员会的主任委员，我参与了这套教材的筹备、审稿等多个关键环节，认为这套教材与以往高职高专财经类教材相比，在三个方面做得比较好。首先，编者名师汇集，内容紧扣教改。这套教材的编写者、审阅者都是国内商科类院校的知名专家、教授，他们将自己多年教学实践所得，按照职业教育最新的“五个深度对接”的教学改革要求撰写成册，实现了课程教材内容与职业标准对接，充分体现了“做中学，做中教”“理论实践一体化”的要求，科学地将专业知识和专业技能的培养结合起来，教材内容在确保学生达到职业资格要求的同时，还能促进学生综合职业素养的发展。其次，体例论证严密，呈现形式有创新性。组建了专门的专家委员会对教材的体例、内容进行审定。其中主任委员负责教材宏观方向和思路的把握，副主任委员负责具体教材规划的制定，包括课程规划、写作思路、教材体例、整体进度规划等，通过多级专家审定和多次会议讨论、商定，最终选择符合课程特色和教学改革新要求的教材编写体例和内容呈现形式。最后，资源丰富实用，打造立体平台。为了寓教于学，充分调动学生学习的积极性和主动性，出版社聘请专人运用最先进的教学资源建设理念和手段，为每本教材配套建设了丰富的多媒体教学资源。这些教学资源都经过精心的教学设计，能够与教材内容紧密结合，有效地促进了学与教，从而为教师课堂教学注入新的活力。

相信这套教材被广大职业院校使用之后，可以有效地实现对学生学习能力、职业能力和社会能力的培养，促进学生综合素质的发展和提高。

这套教材从专家团队组建、教材编写定位、教材结构设计、教材大纲审定到教材编写、审校全过程都倾注了高职商科教学一线众多教育专家和教学工作者的心血，在这里我真诚地对参加编审的教授、专家表示衷心的感谢。

全国商业职业教育教学指导委员会副主任委员 王晋卿

2013 年 6 月 26 日

前言

Preface

会计是一门国际通用的商业语言，既是一门科学，更是一种实践。高职高专院校会计专业人才培养的目标是中小企业单位高素质技术技能型人才。“会计基础与实务”作为会计专业的入门课程，对于培养学生的基本从业能力、职业态度以及学习兴趣具有重要的导向作用。由于受《会计法》《会计基础工作规范》及会计工作特殊性的限制，会计专业的学生不可能像其他专业的学生那样直接到工作岗位上进行系统的顶岗实习，因此，加强校内会计基础实训工作就显得尤为必要。开发《会计基础实训》教材，既要反映近几年高职会计教学改革实践，又要体现财政部下发的《企业会计准则》《会计档案管理办法》《会计从业资格考试规定》《关于全面推开营业税改征增值税试点的通知》等文件精神，通过会计岗位典型工作任务基本技能的训练以及来源于真实企业经济业务原始凭证的整合与设计，更新会计实践教学内容，引导学生全程参与会计实践活动，促进会计实践教学模式改革，为学生进一步学习后续的专业会计，奠定一个扎实的能力基础。

本书是工业和信息化高职高专“十三五”规划教材和全国商业职业教育教学指导委员会推荐教材《基础会计与实务（附微课视频 第3版）》（书号：978-7-115-50233-5）的配套用书。此次修订后的教材内容，分三个部分：第一部分是会计基础实训的目的和要求；第二部分是会计基础单项实训；第三部分是会计基础综合实训。

与原教材相比，修订后的教材特色如下。

1. 充分体现了教材内容的时效性，系统吸收了财政部下发的最新文件精神，特别是营业税改征增值税的试点内容。

2. 根据学生的认知规律和会计基本技能的形成过程，按照《会计基础工作规范》《会计从业资格考试管理规定》等要求，对学生进行会计岗位单项实训和综合实训，以培养学生良好的会计从业规范。

3. 突出仿真性，体现真实感。以工学结合为切入点，采用校企合作开发的模式，把会计的基本知识、职业素养融入会计实务之中，系统设计会计工作过程各业务环节所需的工作内容和技能点，试图让学生感受到角色的扮演和体验，具有针对性、实用性和可操作性，从而使学生更能轻易地理解什么是会计以及培养学习会计的兴趣。

本书由江苏财经职业技术学院程淮中教授和笪建军副教授担任主编，江苏中烟工业公司淮阴卷烟厂胡权高级会计师和江苏淮钢集团财务总监王振林高级会计师参与本书的研讨和设计，全书最后由程淮中教授和笪建军副教授修改并总纂定稿。江苏财经职业技术学院张卫平教授、张远录教授和孔德军、李群两位注册会计师为本书的编写提出了许多宝贵的意见，在此表示感谢。

需要说明的是，本书实训资料中所涉及的一些企业单位的名称和数字，是经过编者重新整理后形成的。因此，本书只供会计基础实训教学之用，不做其他依据。

由于编者水平和实际经验有限，加之财经法规变化很快，书中不足和纰漏之处在所难免，恳请读者批评、指正，来信请至 chz3260001@sina.com。

编　者

2018年11月

目 录

Contents

第一部分 会计基础实训的目的和要求

一、会计基础实训的目的

“会计基础与实务”是会计及相关管理类专业开设的第一门会计启蒙课程，它详细解释和举例说明了会计的基础知识、基本技能和职业素养，从而让学生了解会计并爱上会计职业。教育部［2006］教高16号文件提出“人才培养模式改革的重点是教学过程的实践性、开放性和职业性，实验、实训和实习是三个关键环节；要重视学生校内学习与实际工作的一致性，校内成绩考核与企业实践考核相结合，探索课堂与实习地点的一体化；改革教学方法和手段，融‘教、学、做’为一体，强化学生能力的培养。”伴随着高等职业教育由规模扩张转向内涵建设，教育部于2012年3月颁布了教高4号文件“关于全面提高高等教育质量的若干意见”，其中第八条强化实践育人环节部分强调高职教育应结合专业特点和人才培养要求，分类制订实践教学标准，增加实践教学比重，组织编写一批优秀实验教材，重点建设一批高职实训基地，新增教学经费优先用于实践教学等。这些文件精神为高职院校会计专业的改革明确了方向。实践证明，组织好“会计基础与实务”课程教学，在很大程度上关系到学生对学习后续会计课程的兴趣，也是学生取得会计职称必备的基本前提。通过校企合作，开发出一套会计实训教材，开展会计基础实训，无疑是一种行之有效的方法。这可从国家示范性高职院校近几年举办的成果展示会，特别是2012年7月12日教育部在北京市会议中心召开的“2012年高等职业教育社会责任年会暨质量报告”发布会上得到进一步的印证。

“会计基础实训”是“会计基础与实务”课堂教学的继续，也是会计岗位工作的演习。主要是熟悉有关的会计凭证、账簿和会计报表，增强学生对会计工作的感性认识，采用“教、学、做”一体化的教学模式，系统掌握企业会计核算的一般流程和具体方法，加深对会计基本理论和知识的理解，培养学生的会计基本操作技能和动手能力，为学生尽快地进入会计“角色”打下扎实的基础。同时，通过实训，培养学生作为一名合格的会计从业人员应具备的认真、细致、一丝不苟、团队协作、担当责任的职业素养和独立面对各种经济业务的职业判断能力及审慎的思维能力。

二、会计基础实训的内容

会计基础实训的内容主要包括会计基础单项实训和会计基础综合实训两部分。

会计基础单项实训主要是根据“会计基础与实务”课程教学进度，针对课程教学中的某一部分知识点和能力技能点组织学生进行实训。它通过边学习、边实践、边思考和边总结的过程，让学生对会计不同岗位的技能要求和职业素养有一个初步的感性认识，逐步消除学生对会计工作的某种“神秘感”，培养学生对会计职业的认同感，并为后续专业会计课程的学习奠定基础。会计基础单项实训的内容总计安排20个项目，既涉及会计基本技能，又涉及会计职业判断和案例分析，老师在组织教学时可根据实际需要自由选取。

会计基础综合实训，一般在“会计基础与实务”课内教学结束后集中安排30个左右的实训课时。其内容主要是依据江苏清江机床厂（一般纳税人）一定时期的会计核算资料，参照财政部颁布的《会计基础工作规范》，进行加工整理，编制成一套涵盖会计处理程序各个环节所涉及的账务处理和报表编制。通过会计基础综合实训，应使学生在填制与审核会计凭证、设置与登记账簿、编制会计报表等方面得到“真刀真枪”的系统训练，对会计工作过程系统化有一个较为清晰的认识，进而培养学生良好的工作作风和职业道德，形成一定的专业素质。

三、会计基础综合实训的要求

（1）熟悉企业概况、会计核算的基础及账务处理程序，企业账务处理采用记账凭证账务处理程序。

（2）开设2018年12月初的总分类账、明细分类账及现金日记账、银行存款日记账。在实训过程中，应根据经济业务发生的实际情况，设置必要的账户。建账内容如下表所示。

总账		一级科目
	日记账	库存现金、银行存款
明细账	数量金额式明细账	原材料、库存商品
	三栏式明细账	应收账款、应付账款等科目
	多栏式明细账	应交税费（应交增值税）、生产成本、制造费用、管理费用

（3）根据2018年12月提供的业务资料整理或填制原始凭证，分类编制记账凭证，并将原始凭证附于其后。记账凭证分为收款凭证、付款凭证和转账凭证三类，编号应按类别顺序编排（也可以根据需要采用通用记账凭证）。

（4）根据收、付款凭证及所附原始凭证逐日逐笔登记现金日记账和银行存款日记账。根据原始凭证、汇总原始凭证和记账凭证，登记有关的明细分类账。根据记账凭证逐笔登记总分类账。建议按所提供资料上的日期，每10天登记一次，月末根据需要及时登记。

（5）填制凭证、登记账簿和编制会计报表时，书写要求工整、清楚，不能任意涂改挖补，摘要应当详略得当。错账应根据不同的情况，采用划线更正法、红字冲销法和补充登记法，不能刮、擦、挖、补或用涂改液涂改。

（6）月末，结出各类账户的本期发生额及其余额，编制发生额试算平衡表，分别与总账中有关账户本期发生额及其余额进行核对。根据核对无误的总账、有关明细账及期初资料，编制资产负债表和利润表。

（7）会计事项的处理，要根据现行会计准则和财务会计制度的规定，熟练掌握其操作过程，对发现的差错及时纠正，防止一错到底；对会计事项处理涉及的相关会计知识点，要能及时地“温故而知新”。

（8）实训可采用 2～4 人一组，每张凭证至少有两人经手，一是由制单人员或经手人签章，二是由复核人签章。有可能时（4 人一组）应有财务主管签章，以明确会计岗位的职责。

（9）实训结束，记账凭证应按类别编号顺序装订，装订前要加上封面、封底。账页按总账、日记账、明细账分类归并，再按科目编号和账页次序装订成一册，装订前要加上扉页。

（10）实训期间，学生应端正学习态度，全身心投入，以会计人员的岗位职责要求自己，严格遵守实训室的规章制度，不迟到、不早退、不无故旷课。实训期间一律不允许请假，特殊情况需要经指导教师批准。实训应以独立完成为主，以教师指导为辅，不准互相抄袭。

（11）实训的具体时间安排应结合“会计基础与实务”课程教学大纲的要求确定。

第二部分 会计基础单项实训

项目一 了解企业、会计工作组织与会计职业

一、阿拉伯数字及汉字数字的书写

【实训目的】掌握阿拉伯数字及汉字数字的正确写法，做到书写规范、清晰、流畅。

【活动安排】

（1）将班级同学分成4个小组，每组各推选出一名同学到讲台前，在黑板上书写1～10的阿拉伯数字及汉字数字。

（2）老师对4名同学书写的结果分别进行点评，并在黑板上标准地书写出1～10的阿拉伯数字及汉字数字。

（3）老师发放阿拉伯数字及汉字数字书写练习用纸，要求学生在规定的时间内完成，并相互检查。

二、人民币的识别与点验

【实训目的】掌握人民币点钞的单指点钞法和多指点钞法，明确2015年版第五套人民币的一般防伪特征。

【活动安排】

（1）教师用练功券给学生示范单指点钞法、多指点钞法以及捆扎方法。

（2）每个学生发给足够多的练功券，计时（每次限时5分钟）练习单指点钞法和多指点钞法，每点完100张（即一把）应用纱纸条捆扎起来并加盖私章。

（3）拿出一张100元面额的2015年版第五套人民币，教师应从水印、纸质、安全线、头像、隐形面额数字、光变油墨、胶印对印图案、雕刻凹版印刷、双色异形横号码、微缩文字等方面进行防伪鉴别的教学。

项目二 认知会计、会计目标和会计方法

一、会计核算对象的确认

【实训目的】掌握企业会计核算的一般对象。

【实训资料】亨达公司2018年6月发生下列部分经济业务和事项。

（1）向光明公司购买一批材料，已验收入库。
（2）生产车间到仓库领用材料。
（3）收到上个月销售给北晨公司的商品销货款。
（4）与顺达公司签订一份战略协议，其中包括未来两年的购销合同计划。
（5）公司 2018 年下半年费用预算顺利通过董事会决议。
（6）向当地慈善基金会捐赠 50 000 元和一批实物。
（7）公司经理出差归来报销差旅费。
（8）经董事会商议，决定 2018 年 7 月中旬购买中央新亚公司在上交所发行的 A 股。
（9）经公司经理会议研究，决定下半年生产和销售部门任务比上半年同比增加 20%。
（10）考虑到公司产业升级和可持续发展，从当地人才市场引进一批大学生和研究生。
【实训要求】指出上述哪些经济业务和事项属于会计核算的对象，并说明理由。

二、会计核算基础的应用

【实训目的】掌握权责发生制和收付实现制的具体应用，并加以比较。
【实训资料】亨达公司 2018 年 5 月发生的部分经济业务如下。
（1）1 日，销售商品 200 000 元，款项于当月 12 日收到。
（2）5 日，向悦达公司购买一批材料，价税款 80 000 元，款项于当月 26 日支付。
（3）10 日，销售商品 70 000 元，款项于 6 月 3 日收到。
（4）16 日，向恒通公司购买一批材料，价税款 50 000 元，款项于 6 月 9 日支付。
（5）21 日，向邮政公司预付下半年报刊杂志费 6 000 元。
（6）27 日，向森达公司预收货款 10 000 元，商品于 6 月 15 日发出。
【实训要求】分别采用权责发生制和收付实现制确认亨达公司收入、费用的归属期，并计算其 2018 年 5 月的盈亏。

项目三 | 划分会计要素，建立会计等式

一、会计要素的归属

【实训目的】掌握会计要素的内容。
【实训资料】恒达公司 2018 年 4 月发生了下列事项。
（1）厂房设备一批，价值 39 640 000 元。
（2）投资者缴入资本 5 000 000 元。
（3）应付银行短期借款利息 3 480 元。
（4）库存原材料一批，价值 760 000 元。
（5）欠宁通公司材料款 2 000 000 元。
（6）销售商品收入 4 900 000 元。
（7）广告费用 10 000 元。
（8）向银行申请并取得两年期借款 3 000 000 元。
（9）应付职工薪酬 1 360 000 元。
（10）购买 3 年期国债 200 000 元。

（11）接受捐赠资产一批，价值90 000元。

（12）尚未收回商品销货款167 000元。

（13）营业外支出2 000元。

（14）盈余公积378 000元。

（15）包装物出租收入4 500元。

（16）未分配利润650 000元。

（17）持有中石油股票800 000元。

（18）运货卡车3辆，价值750 000元。

（19）尚未到期的应收票据2张，价值50 000元。

（20）预收悦达公司货款170 000元。

【实训要求】指出上述项目，分别属于资产、负债、所有者权益、收入、费用和利润中的哪一个会计要素。

二、经济业务对会计等式的影响

【实训目的】了解经济业务的类型，并说明对会计等式的影响。

【实训资料】北晨公司2018年1月1日期初资产总额为81 329 000元，负债69 780 000元，所有者权益11 549 000元，本月发生的部分经济业务如下所述。

（1）3日，用银行存款60 000元购买原材料，材料已验收入库。

（2）7日，向亨达公司购买不需要安装的精密机床一台，价款210 000元，未付。

（3）11日，收到悦达公司投入资本100 000元，存入公司银行存款账户。

（4）13日，用银行存款支付前欠南方公司货款18 000元。

（5）19日，向银行借入短期借款200 000元，直接用于归还宁通公司的货款。

（6）21日，公司所有者代公司归还银行借款1 500 000元，并将其转为投入资本。

（7）26日，公司按法定程序减资100 000元，用银行存款支付。

（8）31日，根据董事会决议，用盈余公积分配利润13 000元。

（9）31日，公司用盈余公积转增资本20 000元。

【实训要求】请分析上述业务属于哪一种类型的经济业务，并说明其变化对会计等式的影响。

项目四 开设会计账户，运用借贷记账法

一、认知会计科目的性质

【实训目的】掌握会计科目的性质。

【活动资料】《基础会计与实务（附微课视频 第3版）》项目四中“企业会计科目表”。

【活动安排】

（1）在全班范围内选出一名主持人。

（2）将学生分成5个小组，每组分别代表资产类、负债类、所有者权益类、成本类和损益类会计科目。

（3）由主持人随机报出企业会计科目表中带有“★”的会计科目，各小组内成员进行抢答，

指出其属于哪一类。

二、会计分录的编制

【实训目的】掌握会计分录的编制方法。

【实训资料】北晨公司 2018 年 1 月发生的部分经济业务如下所述。

（1）3 日，用银行存款 60 000 元购买原材料，材料已验收入库。

（2）7 日，向亨达公司购买不需要安装的精密机床一台，价款 210 000 元，未付。

（3）11 日，收到悦达公司投入资本 100 000 元，存入公司银行存款账户。

（4）13 日，用银行存款支付前欠南方公司货款 18 000 元。

（5）19 日，向银行借入短期借款 200 000 元，直接用于归还宁通公司的货款。

（6）21 日，公司所有者代公司归还银行借款 1 500 000 元，并将其转为投入资本。

（7）26 日，公司按法定程序减资 100 000 元，用银行存款支付。

（8）31 日，根据董事会决议，用盈余公积分配利润 13 000 元。

（9）31 日，公司用盈余公积转增资本 20 000 元。

【实训要求】根据上述经济业务编制会计分录。

项目五 确认和计量企业基本的经济业务

一、借贷记账法的应用

【实训目的】熟悉企业主要经营过程的核算。

【活动道具】教师选择某公司 2018 年 12 月主要经营过程中每一类别的代表性业务，将业务用文字描述并做成大型卡片备用。

【活动安排】将全班同学分成 4 个小组，每组轮流选派一人到讲台上抽取选题卡片，老师将同学抽取的卡片挂在黑板上。选手答题，如遇困难可请本组一名同学帮忙。

【活动要求】选手回答该业务属于企业主要经营过程中的哪一个环节，涉及的会计账户及记账方向是什么。

二、会计分录的业务揭示

【实训目的】掌握会计分录的业务内容。

【实训资料】亨达公司财务处会计肖彬 2018 年 5 月根据发生的部分经济业务编制的会计分录如下。

（1）借：原材料——A 材料	15 000	
贷：银行存款		10 000
应付账款——北晨公司		5 000
（注：不考虑增值税）		
（2）借：生产成本——甲产品	30 000	
贷：原材料——A 材料		10 000
——B 材料		20 000

（3）借：应付账款——北晨公司　　5 000
　　贷：银行存款　　5 000
（4）借：银行存款　　49 000
　　贷：应收账款——新华公司　　49 000
（5）借：盈余公积　　20 000
　　贷：资本公积　　20 000

【实训要求】会计肖彬编制的上述会计分录分别反映的经济业务内容是什么？

项目六　填制与审核会计凭证

一、原始凭证的填制与审核

【实训目的】练习各种原始凭证的填制与审核。

【实训资料】空白支票、增值税专用发票、材料入库单、银行进账单等。

【活动安排】

（1）在全班选出两名同学分别作为购买单位、销售单位的开户银行代表，其余同学分为购买单位和销售单位两大组。

（2）在两大组内再分成若干小组，分别扮演会计主管、总账会计、出纳、业务员、复核员等职务。购买方和销售方之间的业务活动主要包括：购买材料/销售产品；用转账支票结算货款。

【活动要求】

（1）各个小组根据各自业务的特点，说明取得或填制哪些原始凭证。

（2）审核小组在审核时，应注意凭证要素的完整性和填制的时效性。

（3）各小组实行轮岗制，活动可继续进行。

二、会计工作马虎不得

【实训目的】培养学生严谨的工作态度，提高会计职业能力。

【实训案例】李迪是悦达公司会计部经理，一次在会计复核时发现，会计王强丢了一张银行收款凭证，李迪经理在经过仔细审核原始凭证和银行对账单后，批评王强工作太马虎，同时让他重新编制一张银行收款凭证。另外一次，李迪经理在复核时，发现王强编制的银行存款付款凭证所附20 000元的现金支票存根丢失，同时发现还有几张现金付款凭证所附原始凭证与凭证所附张数不符，李迪经理马上让王强停止工作，并且与他一起回忆、追查这张现金支票存根的去向并查找凭证张数不符的原因。王强对此非常不满，认为李经理小题大做，故意整他。

【实训要求】根据你所学的知识，你是如何看待这件事情的？

项目七　设置与登记会计账簿

一、错账更正的方法

【实训目的】掌握错账的更正方法。

【实训资料】亨达公司2018年6月会计人员在结账前进行对账时，查找出以下几笔错账。

（1）计提管理部门用固定资产折旧 26 000 元，编制的会计分录如下。

借：管理费用　　　　2 600
　　贷：累计折旧　　　　2 600

（2）用银行存款支付广告费 10 000 元，编制的会计分录如下。

借：销售费用　　　　100 000
　　贷：银行存款　　　　100 000

（3）用银行存款预付购料款 500 000 元，编制会计分录如下。

借：预收账款　　　　500 000
　　贷：银行存款　　　　500 000

（4）用现金支付职工生活困难补助 6 000 元，编制会计分录如下。

借：应付职工薪酬　　　　6 000
　　贷：库存现金　　　　6 000

在记账后、结账前，“应付职工薪酬”账户记录为 600 元。

【实训要求】采用正确的方法，对上述错账进行更正。

二、偷改账簿的法律责任

【实训目的】培养学生的会计法律责任意识。

【实训案例】个体老板税务局偷改账簿。

个体老板因涉嫌偷税被通知到税务局核对账簿，其趁稽查人员转身之机，竟将账簿上的部分数字进行涂改，该个体老板已被警方刑拘。

该个体老板张某，2016 年 5 月开设一家电子门市部。经国税部门调查，自 2017 年 9 月至 2018 年 3 月，张某取得营业收入 171 万余元，但张某以使用外地发票等手段向国税机关隐瞒真实收入，少缴增值税 59 028 元。

2018 年 5 月 13 日，国税稽查局在检查中，调取了张某的现金日记账，并要求张某自查申报补税。张某称没赚钱，只向税务部门申报补税 606 元，并称要重新核对账簿。当月 17 日，张某接到国税稽查局的通知，到局办公室重新核对现金日记账。当时，该办公室稽查人员将现金日记账簿交还给张某，让其核对，便到另一边忙手头工作。张某见无人监视，便偷偷掏出笔将账簿上的部分数字由大改小。下班时，稽查人员收回张某的现金日记账簿后，发现有 10 多个数字有涂改痕迹，大部分是千位数改成百位数，涂改后的总数比原来少数万元。该国税稽查局向当地警方报案。在事实与证据面前，张某承认偷改账簿的事实。

【实训要求】根据所学的知识，你是如何看待这件事情的？

项目八　遵循内控制度，开展财产清查

一、内控制度的设计

【实训目的】正确认识内控制度的重要性。

【实训案例】亨达公司内控制度有关设计和运行的部分内容摘录如下。

（1）为加强货币支付管理，货币资金支付审批实行分级管理办法：单笔付款金额在 10 万元以下的，由财务部经理审批；单笔付款金额在10万元以上、50万元以下的，由财务总监审批；单笔付款金额在50万元以上的，由总经理审批。

（2）仓库保管员负责登记存货明细账，以便对仓库中所有存货项目的收、发、存进行永续记录。

（3）在发出原材料过程中，仓库部门根据生产部门开出的领料单，发出原材料。领料单必须列明所需原材料的数量和种类，以及领料部门的名称。领料单可以一料一单，也可以多料一单，通常为一式两联，仓库部门发出原材料后，其中一联连同原材料交还领用部门，另一联留仓库部门据以登记原材料明细账。

【实训要求】分析亨达公司内控制度有什么弱点或缺陷？如何解决？

二、银行存款余额调节表的编制

【实训目的】掌握银行存款余额调节表的编制方法。

【实训资料】清河公司2018年12月31日银行存款日记账和银行对账单内容如表2-1和表2-2所示。

表2–1　　银行存款日记账　　单位：元

2018年		凭证号数	摘要	结算凭证		收入	付出	余额
月	日			种类	号数			
12	21		承前页					1 380 500
12	21	银付027	购入材料	转支	#072851		58 000	1 322 500
12	22	银付028	偿付货款	转支	#072852		46 500	1 276 000
12	22	银付029	提取现金	现支	#056783		6 000	1 270 000
12	23	银付030	支付广告费	转支	#072853		50 000	1 220 000
12	23	银收016	收回货款	委收	#0018	28 400		1 248 400
12	24	银付031	支付保险费	转支	#072854		40 000	1 208 400
12	24	银付032	代垫运杂费	转支	#072855		7 000	1 201 400
12	25	银付033	预付差旅费	现支	#056784		3 000	1 198 400
12	25	银收017	销售产品	委收	#0019	18 850		1 217 250
12	26	银付034	购买设备	汇票	#2793		89 600	1 127 650
12	26	银收018	预收货款	本票	#0273	127 080		1 254 730
12	27	银付035	购买办公用品	转支	#072856		2 400	1 252 330
12	27	银付036	支付养路费	转支	#072857		5 200	1 247 130
12	28	银付037	预付货款	转支	#072858		50 000	1 197 130
12	29	银收019	收回货款	委收	#0020	17 390		1 214 520
12	30	现付021	存入现金	回单	#017	3 500		1 218 020
12	30	银付038	预付差旅费	现支	#056785		1 780	1 216 240
12	31		本月合计			195 220	359 480	1 216 240

表 2-2　　银行对账单　　单位：元

2018 年		摘要	结算凭证		贷方	借方	余额
月	日		种类	号数			
12	21	承前页					
12	22	付货款	转支	#072851		58 000	
12	22	提取现金	现支	#056783		6 000	
12	24	支付广告费	转支	#072853		50 000	
12	25	存款利息	特殊	#0257	5 600		
12	25	预借差旅费	现支	#056784		3 000	
12	26	支付保险费	转支	#072854		40 000	
12	26	存入货款	本票	#0273	127 080		
12	26	付办公用品款	转支	#072856		2 400	
12	29	付货款	转支	#072852		46 500	
12	29	付电话费	专托	#3749		3 500	
12	29	支付水电费	专托	#1287		4 700	
12	30	贷款利息	特殊	#1078		3 900	
12	30	存入现金			3 500		
12	30	支付养路费	转支	#072857		5 200	
12	31	代收运费	委收	#1072	4 300		
12	31	购设备	汇票	#2793		89 600	
12	31	月末余额					1 208 180

【实训要求】正确编制清河公司 2018 年 12 月 31 日银行存款余额调节表。

项目九　编制和报送会计报表

一、资产负债表的编制

【实训目的】掌握资产负债表的编制方法。

【实训资料】亨达公司 2018 年 12 月 31 日部分账户余额如表 2-3 所示。

表 2-3　　部分账户余额表　　单位：元

账户名称	余额		账户名称	余额	
	借或贷	金额		借或贷	金额
交易性金融资产	借	5 600	库存商品	借	600 000
应付职工薪酬	贷	2 300	应付账款	贷	98 700
库存现金	借	200	其中：甲公司	贷	125 000
银行存款	借	198 000	乙公司	借	26 300
应收账款	借	43 000	预收账款	贷	5 000
其中：A 公司	借	74 000	其中：丙公司	借	4 000
B 公司	贷	31 000	丁公司	贷	9 000
预付账款	借	18 000	短期借款	贷	12 000
其中：C 公司	借	27 000	应交税费	贷	21 810
D 公司	贷	9 000	本年利润	贷	496 400
原材料	借	254 000	利润分配	借	357 200
材料采购	借	125 000			
生产成本	借	78 000			

【实训要求】根据上述资料确定可填列资产负债表中的是哪些项目，并计算其应填数额是多少。

二、利润表的编制

【实训目的】掌握利润表的编制方法。

【实训资料】宁通公司2018年12月有关损益类账户发生额资料如表2-4所示。

表2-4　损益类账户发生额　单位：元

账户名称	借或贷	金额
主营业务收入	贷	1 000 000
其他业务收入	贷	40 000
主营业务成本	借	700 000
其他业务成本	借	32 000
税金及附加	借	120 000
管理费用	借	8 700
财务费用	借	2 000
销售费用	借	5 300
投资收益	借	100 000
营业外收入	贷	20 000
营业外支出	借	10 000

该公司所得税税率为25%，假设无其他纳税调整事项。

【实训要求】根据上述资料分别计算该公司12月营业利润、利润总额、所得税费用和净利润（要求列示计算过程），并编制该公司12月利润表。

项目十　组织和应用账务处理程序

一、不同账务处理程序的比较

【实训目的】掌握不同账务处理程序的特点、账簿组织、优缺点及适用范围。

【活动形式】分组讨论

【活动安排】

（1）将学生分成4个小组，每组推选一名同学担任组长。

（2）各组在组长带领下讨论各种账务处理程序的特点、账簿组织及优缺点，明确其适用范围。

二、账务处理程序的评价

【实训目的】掌握账务处理程序的一般设计，并做出正确评价。

【实训资料】某公司关于账务处理程序的描述如下。

（1）会计人员根据审核后的原始单据填制记账凭证。

（2）经过财务经理审核后的记账凭证登记明细账。

（3）月末会计人员根据各记账凭证汇总编制汇总记账凭证。

（4）会计人员根据汇总记账凭证与出纳员核对现金账发生额和银行存款发生额。

（5）会计人员根据汇总记账凭证登记总账。

（6）会计人员进行总账与明细账、现金账、银行存款账核对，现金账的余额与库存现金数核对。

（7）会计人员根据总分类账编制各种会计报表。

（8）出纳员根据银行账与银行对账单相核对，并登记未达账项。

备注：① 原始单据一定要按照公司的财务制度规定的程序审核签字。

② 记账凭证要由财务经理审核。

③ 月末会计要监督出纳进行账实核对。

④ 会计要检查支票备查簿并要核实、签字。

⑤ 出纳员要认真登记未达账项，会计人员要审核签字。

【实训要求】根据以上描述，请你对该公司账务处理程序做出评价，并说明其优缺点及改进措施。

第三部分 会计基础综合实训

一、会计基础综合实训资料

1．企业概况

江苏清江机床厂位于江苏省清江市，占地面积 80 000 平方米，注册资本 500 万元，主要生产 A、B 两种型号的机床，简称 A 产品、B 产品。该企业被主管税务机关核准为增值税一般纳税人，所得税税率为 25%，城市维护建设税按本月应交增值税的 7%缴纳，教育费附加按本月应交增值税的 3%缴纳。

（1）基本情况。

企业名称：江苏清江机床厂

企业地址：江苏省清江市健康路 18 号　　邮编：223000　　电话：0517-83668616

税务登记证号：320802001230168

开户银行：中国工商银行清江支行　　账号：0517002350532

预留银行印鉴：清江机床厂财务专用章和法人代表张立强私章

（2）生产组织：企业设有两个基本生产车间：一车间和二车间。其中一车间耗用甲、乙材料生产 A 产品；二车间耗用甲、乙材料生产 B 产品。生产车间和管理部门一般耗用丙材料。

（3）财务机构设置：企业采用集中核算形式，主要财务人员有：财务主管 吴强；出纳员 季萍；材料账会计 杨柳等。

2．账务处理程序

（1）江苏清江机床厂采用记账凭证账务处理程序。

（2）账务处理程序如图 3-1 所示。

（3）账务处理程序各基本步骤说明。

① 根据原始凭证编制汇总原始凭证；

② 根据审核无误的原始凭证或者汇总原始凭证，编制记账凭证；

③ 根据收、付款凭证及所附原始凭证逐日逐笔登记现金日记账和银行存款日记账；

④ 根据原始凭证、汇总原始凭证和记账凭证，登记有关的明细分类账；

⑤ 根据记账凭证逐笔登记总分类账；

⑥ 月末，将现金日记账、银行存款日记账的余额以及各种明细账的余额合计数，分别与有关总账的余额核对；

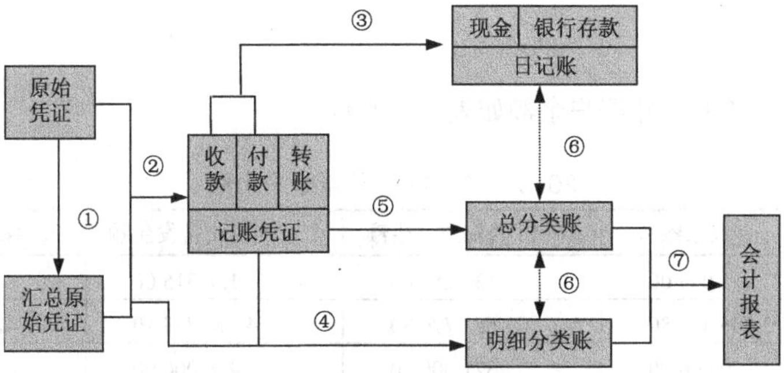

图 3-1　记账凭证账务处理程序

⑦ 月末，根据经核对无误的总账和明细账的有关资料，编制会计报表。

3．实训建议

（1）实训程序与要求。

① 熟悉企业概况、会计核算基础及账务处理程序。

② 开设 2018 年 12 月初的总分类账、明细分类账及现金日记账、银行存款日记账。在实训的过程中，根据经济业务发生的实际情况，设置必要的账户。建议建账内容如表 3-1 所示。

表 3-1　　建议建账内容

总账		一级科目
明细账	日记账	库存现金、银行存款
	数量金额式明细账	原材料、库存商品
	多栏式明细账	应交税费（应交增值税）、生产成本、制造费用、管理费用
	三栏式明细账	应收账款、应付账款等科目

③ 根据 12 月提供的业务资料整理或填制原始凭证，分类编制记账凭证，并将原始凭证附于其后。记账凭证分为收款凭证、付款凭证和转账凭证三类，编号应按类别顺序编排。

④ 根据收、付款凭证及所附原始凭证逐日逐笔登记现金日记账和银行存款日记账。

⑤ 错账应根据不同的情况，采用画线更正法、红字冲销法和补充登记法。不能刮、擦、挖、补或用涂改液涂改。

⑥ 根据原始凭证、汇总原始凭证和记账凭证，登记有关的明细分类账。根据记账凭证逐笔登记总分类账。总分类账建议按提供资料上的日期每 10 日登记一次，月末根据需要及时登记。

⑦ 结转本年利润采用账结法。

⑧ 月末，结出各类账户的本期发生额及其余额，编制发生额试算平衡表，分别与总账中有关账户本期发生额及其余额进行核对。

⑨ 月末，根据经核对无误的总账、有关明细账及期初资料，编制资产负债表和利润表。

⑩ 整理凭证、账页，加上封底、封面并装订成册。

（2）实训用凭证及账页的数量。

收款凭证 10 张、付款凭证 20 张、转账凭证 40 张。

实训用账页应按实训建账的内容和数量来确定，应分别设置日记账、三栏式总账、多栏式明细账、三栏式明细账和数量金额式明细账。

4. 期初资料

（1）2018 年 1～11 月总账账户余额如表 3-2 所示。

表 3-2　　2018 年 1～11 月总账账户余额　　单位：元（列至角分）

账户名称	年初余额	1～11 月借方发生额	1～11 月贷方发生额	期末余额	方向
库存现金	1 045.00	136 250.00	136 315.00	980.00	借
银行存款	3 806 423.80	3 652 776.30	4 716 749.10	2 742 451.00	借
应收票据	40 000.00	521 000.00	476 000.00	85 000.00	借
应收账款	972 000.00	1 850 460.00	2 509 960.00	312 500.00	借
其他应收款	15 000.00	65 000.00	32 000.00	48 000.00	借
原材料	1 409 251.54	2 402 585.76	2 042 807.05	1 769 030.25	借
生产成本	640 850.00	2 827 460.00	2 972 310.00	496 000.00	借
制造费用	0.00	496 530.00	496 530.00	0.00	借
库存商品	1 605 579.00	2 971 654.00	2 498 713.00	2 078 520.00	借
固定资产	3 000 000.00	800 000.00		3 800 000.00	借
累计折旧	990 340.00		118 070.00	1 108 410.00	贷
在建工程	2 752 300.00	142 700.00		2 895 000.00	借
无形资产	305 000.00	1 576 400.00	1 101 744.00	779 656.00	借
累计摊销	24 400.00		82 000.00	106 400.00	贷
待处理财产损溢		9 000.00	9 000.00	0.00	借
短期借款	200 000.00	200 000.00	100 000.00	100 000.00	贷
应付票据	450 000.00	600 000.00	210 000.00	60 000.00	贷
应付账款	342 165.00	615 155.00	1 752 490.00	1 479 500.00	贷
预收账款	100 000.00	100 000.00		0.00	贷
应付职工薪酬	285 050.00	3 636 450.00	3 704 110.00	352 710.00	贷
应交税费	135 616.34	900 369.34	789 063.00	24 310.00	贷
应付利息	54 347.50	286 454.90	264 287.40	32 180.00	贷
应付股利	250 000.00	250 000.00		0.00	贷
其他应付款	7 460.00	7 460.00	53 820.00	53 820.00	贷
长期借款	2 650 000.00	1 650 000.00		1 000 000.00	贷
实收资本	6 000 000.00		450 000.00	6 450 000.00	贷
资本公积	1 120 000.00			1 120 000.00	贷
盈余公积	986 070.50			986 070.50	贷
本年利润	0.00	4 233 252.25	5 414 989.00	1 181 736.75	贷
利润分配	952 000.00			952 000.00	贷
主营业务收入		5 352 400.00	5 352 400.00	0.00	
其他业务收入		52 179.00	52 179.00	0.00	
投资收益		8 000.00	8 000.00	0.00	
营业外收入		2 410.00	2 410.00	0.00	
主营业务成本		2 056 000.00	2 056 000.00	0.00	
其他业务成本		25 480.00	25 480.00	0.00	

续表

账户名称	年初余额	1～11月借方发生额	1～11月贷方发生额	期末余额	方向
税金及附加		257 620.00	257 620.00	0.00	
销售费用		357 480.00	357 480.00	0.00	
管理费用		925 760.00	925 760.00	0.00	
财务费用		142 000.00	142 000.00	0.00	
营业外支出		75 000.00	75 000.00	0.00	
所得税费用		393 912.25	393 912.25	0.00	
合计	借方 14 547 449.34 贷方 14 547 449.34	39 579 198.80	39 579 198.80	借方 15 007 137.25 贷方 15 007 137.25	

（2）2018 年 1～11 月明细账账户余额。

① 应收账款 312 500 元。

其中：无锡恒远有限公司 292 500 元（借方），常州远达有限公司 20 000 元（借方）。

② 应付账款 1 479 500 元。

其中：市华光有限公司 1 006 200 元（贷方），南京三星有限公司 473 300 元（贷方）。

③ 生产成本——A 产品 496 000 元。

其中：直接材料 230 600 元，直接人工 180 000 元，制造费用 85 400 元。

④ 原材料 1 769 030.25 元，详见表 3-3。

表 3-3

品名	数量（千克）	单价（元）	金额（元）
甲材料	3 680	300.00	1 104 000.00
乙材料	1 560	400.00	624 000.00
丙材料	1 381.21	25.00	34 530.25
丁材料	1 000	6.50	6 500.00
合计			1 769 030.25

⑤ 库存商品 2 078 520.00 元，详见表 3-4。

表 3-4

品名	数量（件）	单价（元）	金额（元）
A 产品	450	3 180.00	1 431 000.00
B 产品	568	1 140.00	647 520.00
合计			2 078 520.00

⑥ 固定资产 38 000 000 元。

其中：生产部门 35 500 000 元，行政部门 2 500 000 元。

⑦ 短期借款——生产周转借款 100 000 元（贷方），年利率 8%，期限为 6 个月。

⑧ 应交税费 24 310 元。

其中：未交增值税 22 100 元，应交城市维护建设税 1 547 元，应交教育费附加 663 元。

5．2018年12月发生的经济业务

（1）1日，从银行提取现金2 000元备用。

（2）1日，开出转账支票一张，归还此前拖欠本市华光有限公司材料款1 006 200元。

（3）2日，从南京三星有限公司购入甲、乙两种材料，甲材料500千克，每千克300元，增值税24 000元；乙材料800千克，每千克400元，增值税51 200元；甲、乙两种材料的运杂费3 250元，全部款项均以银行存款支付（运杂费按甲、乙两种材料的重量比例分配）。

（4）3日，上述购入的材料验收入库，结转材料的实际成本。

（5）5日，采购员张明预借差旅费1 000元，以现金支付。

（6）6日，销售给中原公司A产品200件，单位售价6 500元（不含增值税），共计1 300 000元；B产品150件，单位售价3 400元（不含增值税），共计510 000元。增值税销项税额共计289 600元，款项已收到，存入银行。

（7）8日，向光明公司购入乙材料1 000千克，单价410元；丙材料3 000千克，单价25元，增值税进项税额共计77 600元。款暂欠，材料未到。

（8）10日，以银行存款支付8日购入的乙、丙材料运杂费2 000元，材料到并验收入库，按实际成本入账（运杂费按乙、丙两种材料的重量比例分配）。

（9）10日，企业因生产经营的临时需要，经批准从银行借入期限为3个月、年利率为6%的借款100 000元，存入银行。

（10）10日，用银行存款缴纳上月的增值税22 100元，城市建设税1 547元和教育费附加663元。

（11）11日，企业接受外商华康集团以一商标使用权作为投资，经投资双方协议确认价值400 000元，已办妥各项手续。

（12）12日，公司购入一台不需要安装的设备，买价155 000元，增值税24 800元，安装调试费共5 000元，全部款项以银行存款付讫，设备当即投入使用。

（13）13日，仓库发出材料一批，材料发出汇总表如表3-5所示。

表3-5

材料用途	甲材料			乙材料			丙材料			合计
	数量（千克）	单价（元）	金额（元）	数量（千克）	单价（元）	金额（元）	数量（千克）	单价（元）	金额（元）	
生产A产品	300	300	90 000	200	400	80 000				170 000
生产B产品	150	300	45 000	120	400	48 000				93 000
车间一般耗用							1 000	25	25 000	25 000
管理部门耗用							100	25	2 500	2 500
合计	450	300	135 000	320	400	128 000	1 100	25	27 500	290 500

（14）13日，采购员张明归来报销差旅费1 350元，不足款350元以现金付讫。

（15）14日，报销车间办公用品费560元，以现金支付。

（16）15日，用银行存款发放本月职工工资329 752元。

（17）15日，向常州远达有限公司赊销A产品18件，不含税每件单价 6 000元，价款108 000元，增值税17 280元，合计125 280元，向银行办妥托收手续。

（18）16日，向瑞达商场销售B产品25件，单价3 500元，价款87 500元，增值税14 000

元，收到转账支票1张，存入银行。

（19）17日，以银行存款支付产品广告费5 900元。

（20）17日，接受清江市大发公司捐赠机床一台，评估价款300 000元，投入使用。

（21）18日，开出转账支票支付本月行政管理部门电话费2 650元。

（22）19日，收到无锡恒远有限公司上月所欠货款292 500元存入银行。

（23）20日，开出转账支票向红十字会捐款55 000元。

（24）21日，出售一批无需用的丁材料10 000元，增值税税率16%，款项存入银行。

（25）21日，结转已售丁材料的成本6 500元。

（26）25日，用银行存款支付本月电费共计34 978.64元，其中增值税进项税额4 824.64元，同时分配电费，生产车间25 190元，行政管理部门3 000元，专设销售机构1 964元。

（27）28日，收到万科公司分来的投资利润40 000元，存入银行。

（28）29日，预提本月银行短期借款利息1 166元，其中上月借款利息666元，本月借款利息500元。

（29）29日，收到红光公司的违约金2 560元存入银行。

（30）31日，计提本月份固定资产折旧39 250元，其中车间用固定资产35 500元，厂部管理部用3 750元。

（31）31日，分配本月职工工资360 000元，其中：

生产A产品工人工资	180 000元
生产B产品工人工资	120 000元
车间管理人员工资	15 000元
厂部管理人员工资	35 000元
专设销售机构人员工资	10 000元
合　计	360 000元

（32）31日，按照工资总额的25%提取各项社会保险费。

（33）31日，摊销本月无形资产费用6 261.50元。

（34）31日，结转本月发生的制造费用，按照A、B 产品生产工人的工资比例分配。

（35）31日，本月A、B产品全部完工，结转完工入库300件A产品的成本和250件B产品的成本。

（36）31日，结转本月已销A、B 产品的销售成本，按本月完工入库产品的单位成本计算。

（37）31日，本月盘盈甲材料10千克，计3 000元，经核查，其中的2 000元属自然升溢造成，1 000元属计量误差造成；盘亏乙材料22.5千克，计9 000元，经核查，其中的1 800元属定额内自然损耗造成，1 200元属计量误差造成，1 000元属保管员王雷责任，责令其赔偿，从下月工资中扣除，5 000元属暴风雨袭击，按规定保险公司应赔偿4 000元，其余计入营业外支出。

（38）31日，按照本月应交增值税额的7%提取城市维护建设税，按3%提取教育费附加。

（39）31日，结转本月损益类账户。

（40）31日，按25%的税率计算并结转本月所得税。

（41）31日，将全年实现的净利润转入“利润分配——未分配利润”明细账户。

（42）31日，按全年净利润的10%计提法定盈余公积金，5%计提任意盈余公积金。

（43）31日，按规定计算出应向投资者分配现金股利300 000元。

（44）31日，将“利润分配”账户其他明细账户转入“利润分配——未分配利润”明细账。

6．2016年12月发生经济业务的原始凭证

业务1

中国工商银行现金支票存根

支票号码：4723104

科　　目＿＿＿＿＿＿

对方科目＿＿＿＿＿＿

签发日期　2018年12月1日

收款人：江苏清江机床厂财务科

金　额：￥2000.00

用　途：备用金

备　注：

主管：吴强　　会计：李萍

复核　　　　记账

业务2

中国工商银行转账支票存根

支票号码：7815380

科　　目＿＿＿＿＿＿

对方科目＿＿＿＿＿＿

签发日期　2018年12月1日

收款人：清江市华光有限公司

金　额：￥1006200.00

用　途：归还前欠购货款

备　注：

主管：吴强　　会计：李萍

复核　　　　记账

业务 3-1

江苏省增值税专用发票

国家税务局监制

发票联

No. 00130120246

开票日期：2018 年 12 月 2 日

购货单位	名　　称：江苏清江机床厂 纳税人识别号：320802001230168 地 址、电 话：清江市健康路 18 号 0517-83668616 开户行及账号：工行清江支行 0517002350532	密码区	6356-1+0<6<92-1<28<14 25*835624-35258<>*129 8*01-/+0**<12-61258*<2 3*+-367269-37-+7/8>>>8

货物或应税劳务名称	规格型号	单位	数量	单价	金额	税率（%）	税额
甲材料		千克	500	300	150000	16%	24000
乙材料		千克	800	400	320000		51200
合 计					¥470000		¥75200
价税合计（大写）		⊗伍拾肆万伍仟贰佰元整				（小写）¥545200.00	

销货单位	名　　称：南京三星有限公司 纳税人识别号：110167291600934 地 址、电 话：南京秦淮区健康路 148 号 025-83910553 开户行及账号：建行健康路分理处 1802314675	备注	南京三星有限公司 110167291600934 发票专用章

收款人：李璐　　复核：谭强　　开票人：唐国花　　销货单位：（公章）

第三联 发票联 购货方记账凭证

业务 3-2

江苏省增值税专用发票

国家税务局监制

抵扣联

No. 00130120246

开票日期：2018 年 12 月 2 日

购货单位	名　　称：江苏清江机床厂 纳税人识别号：320802001230168 地 址、电 话：清江市健康路 18 号 0517-83668616 开户行及账号：工行清江支行 0517002350532	密码区	6356-1+0<6<92-1<28<14 25*835624-35258<>*129 8*01-/+0**<12-61258*<2 3*+-367269-37-+7/8>>>8

货物或应税劳务名称	规格型号	单位	数量	单价	金额	税率（%）	税额
甲材料		千克	500	300	150000	16%	24000
乙材料		千克	800	400	320000		51200
合 计					¥470000		¥75200
价税合计（大写）		⊗伍拾肆万伍仟贰佰元整				（小写）¥545200.00	

销货单位	名　　称：南京三星有限公司 纳税人识别号：110167291600934 地 址、电 话：南京秦淮区健康路 148 号 025-83910553 开户行及账号：建行健康路分理处 1802314675	备注	南京三星有限公司 110167291600934 发票专用章

收款人：李璐　　复核：谭强　　开票人：唐国花　　销货单位：（公章）

第二联 抵扣联 购货方抵扣凭证

业务 3-3

清江市服务行业发票

发 票 联

客户名称：江苏清江机床厂　　2018 年 12 月 2 日

货号	单 位	数 量	单 价	金额 万	千	百	十	元	角	分	备 注
运杂费					3	2	5	0	0	0	
合计金额(大写)	叁仟贰佰伍拾元整			¥	3	2	5	0	0	0	
开票单位	福安搬运公司（盖章有效）		开户银行	工行建山路分理处							
			账　　号	3201525819561							

福安搬运公司 财务专用章

开票人(章)　　　　收款人(章) 王小林

业务 3-4

中国工商银行　电汇凭证（回单）

委托日期 2018 年 12 月 2 日

汇款人	全 称	江苏清江机床厂	收款人	全 称	南京三星有限公司
	账 号	0517002350532		账 号	1802314675
	汇出地点	江苏省清江市/县		汇入地点	江苏省南京市/县
	汇出行名称	工行清江支行		汇入行名称	建行健康路分理处

金额	百	十	万	千	百	十	元	角	分
人民币（大写）伍拾肆万伍仟贰佰元整		¥	5	4	5	2	0	0	0

汇款用途：货款

汇出行盖章　　年　　月　　日

中国工商银行 清江支行 2018.12.2 转讫

单位主管　　会计　　复核　　记账

业务 3–5

中国工商银行转账支票存根

支票号码：7815381

科　　目________

对方科目________

签发日期 2018 年 12 月 2 日

收款人：清江市福安搬运公司

金　额：¥3250.00

用　途：支付运杂费

备　注：

主管：吴强　　会计：季萍

复核　　记账

业务 3–6

运杂费分配表

2018 年 12 月 2 日

项　目	分配标准	分配率	分配金额
甲材料	500		
乙材料	800		
合　计			

财务主管：　　复核：　　制单：

业务 4

收　料　单

供应单位：南京市三星公司　　2018 年 12 月 3 日

发 票 号：No. 00130120246　　编号：20021

类别	材料名称	规格材质	单位	数量		实际成本			
				应收	实收	单价	发票价格	运杂费	合 计
	甲		千克	500	500				
	乙		千克	800	800				
备注：									

仓库主管：　　材料会计：杨柳　　收料员：刘伟　　经办人　　制单：

业务 5

借　款　单

2018 年 12 月 5 日

借款部门：采购部门		
借款理由：开供货会		
借款数额：壹仟元整　　¥1 000.00		
本部门负责人意见：同意		借款人：（签章）张明
领导意见 同意 张立强	会计主管人员核批： 同意 吴强	备注：现付 现金付讫

业务 6–1

中国工商银行进账单（收账通知）

2018 年 12 月 6 日　　　　第　　号

出票人	全　称	清江市中原公司	收款人	全　称	江苏清江机床厂
	账　号	236456858039		账　号	0517002350532
	开户银行	商行开发区支行		开户银行	工行清江支行

金额		千	百	十	万	千	百	十	元	角	分
	人民币（大写）贰佰零玖万玖仟陆佰元整	¥	2	0	9	9	6	0	0	0	0

票据种类	转账支票	中国工商银行 清江支行 2018.12.6 转 讫 收款人开户银行盖章
票据张数	壹张	
单位主管　会计　复核　记账		

业务 6-2

江苏省增值税专用发票

记 账 联

No. 00163120831

开票日期：2018 年 12 月 6 日

购货单位	名　　　称：清江市中原公司 纳税人识别号：120132107895671 地 址、电 话：淮安市开发区 89 号 83954160 开户行及账号：商行开发区支行 236456858039	密码区	6356-1+0<6<92-1<28<17 95*835624-35258<>*125 8*01-/+0**<12-61258*<2 3*+-367269-37-+7/8>>>8

货物或应税劳务名称	规格型号	单位	数量	单价	金　额	税率（%）	税　额
A 产品		件	200	6500	1300000	16%	208000
B 产品		件	150	3400	510000		81600
合 计					¥1810000		¥289600
价税合计（大写）		⊗贰佰零玖万玖仟陆佰元整				（小写）¥2099600.00	

销货单位	名　　　称：江苏清江机床厂 纳税人识别号：320802001230168 地 址、电 话：清江市健康路 18 号 0517-83668616 开户行及账号：工行清江支行 0517002350532	备注	江苏清江机床厂 320802001230168 发票专用章

收款人：季萍　　复核：王芸　　开票人：李阳　　销货单位：（公章）

第一联 记账联 销货方记账凭证

业务 7-1

江苏省增值税专用发票

发 票 联

No. 42130120169

开票日期：2018 年 12 月 8 日

购货单位	名　　　称：江苏清江机床厂 纳税人识别号：320802001230168 地 址、电 话：清江市健康路 18 号 0517-83668616 开户行及账号：工行清江支行 0517002350532	密码区	6356-1+0<6<92-1<28<16 25*835624-35258<>*1476 8*01-/+0**<12-61258*<2 3*+-367269-37-+7/8>>>8

货物或应税劳务名称	规格型号	单位	数量	单价	金　额	税率（%）	税　额
乙材料		千克	1000	410	410000	16%	65600
丙材料		千克	3000	25	75000		12000
合 计					¥485000		¥77600
价税合计（大写）		⊗伍拾陆万贰仟陆佰元整				（小写）¥562600.00	

销货单位	名　　　称：清江市光明公司 纳税人识别号：320122916008541 地 址、电 话：清江市珠江南路 0517-83756421 开户行及账号：工行珠江路分理处 1805231946772	备注	清江市光明公司 320122916008541 发票专用章

收款人：张青　　复核：王丽　　开票人：尹世华　　销货单位：（公章）

第三联 发票联 购货方记账凭证

业务 7–2

江苏省增值税专用发票

抵 扣 联 国家税务局监制

No. 42130120169

开票日期：2018 年 12 月 8 日

购货单位	名　　称：江苏清江机床厂 纳税人识别号：320802001230168 地 址、电 话：清江市健康路 18 号 0517-83668616 开户行及账号：工行清江支行 0517002350532	密码区	6356-1+0<6<92-1<28<16 25*835624-35258<>*1476 8*01-/+0**<12-61258*<2 3*+-367269-37-+7/8>>>8

货物或应税劳务名称	规格型号	单位	数量	单价	金额	税率（%）	税额
乙材料		千克	1000	410	410000	16%	65600
丙材料		千克	3000	25	75000		12000
合 计					¥485000		¥77600
价税合计（大写）	⊗伍拾陆万贰仟陆佰元整						（小写）¥562600.00

销货单位	名　　称：清江市光明公司 纳税人识别号：320122916008541 地 址、电 话：清江市珠江南路 0517-83756421 开户行及账号：工行珠江路分理处 1805231946772	备注	清江市光明公司 320122916008541 发票专用章

收款人：张青　　复核：王丽　　开票人：尹世华　　销货单位：（公章）

第二联 抵扣联 购货方抵扣凭证

业务 8–1

中国工商银行转账支票存根

支票号码：7815383

科　　目＿＿＿＿＿＿

对方科目＿＿＿＿＿＿

签发日期 2018 年 12 月 10 日

收款人：清江快好货运公司

金　额：¥2000.00

用　途：支付材料运杂费

备　注：

主管：吴强　　会计：季萍

复核　　记账

业务 8-2

清江市服务行业发票

发 票 联

客户名称：江苏清江机床厂　　　　2018 年 12 月 10 日

货号	单 位	数 量	单 价	金额 万	千	百	十	元	角	分	备 注
运杂费					2	0	0	0	0	0	
合计金额（大写）	贰仟元整			¥	2	0	0	0	0	0	
开票单位	清江快好货运公司（盖章有效）	开户银行	农行开发区支行								
		账 号	320148763104								

（印章：江快好货运公司 财务专用章）

开票人(章)　　　　收款人(章) 李小双

业务 8-3

运杂费分配表

2018 年 12 月 10 日

项 目	分配标准	分配率	分配金额
乙材料	1 000		
丙材料	3 000		
合 计			

财务主管：　　　　复核：　　　　制单：

业务 8-4

收 料 单

供应单位：清江市光明公司　　　　2018 年 12 月 10 日

发 票 号：No. 42130120169　　　　编号：20022

类别	材料名称	规格材质	单位	数量 应收	数量 实收	实际成本 单价	发票价格	运杂费	合 计
	乙		千克	1 000	1 000				
	丙		千克	3 000	3 000				
备注：									

仓库主管：　　　　材料会计：　　　　收料员：刘伟　　　　经办人：张玲　　　　制单：

业务 9

借款借据（入账通知）

（……….放款）

单位编号：××××　　借款日期：2018 年 12 月 10 日　　借据编号：05321　伍

借款人	名称	江苏清江机床厂	收款人	姓名	江苏清江机床厂
	放款户账号	01-××××××××-××		往来户账号	0517002350532
	开户银行	工行清江支行		开户银行	工行清江支行

		百	十	万	千	百	十	元	角	分
借款金额	壹拾万元整	¥	1	0	0	0	0	0	0	0

借款原因及用途	生产周转借款	年利率	6%	借款计划指标	

借款期限　叁个月

期次	计划还款日期	√	计划还款金额
1	2019 年 3 月 10 日		100000 元
2			

备　注：

你单位上列借款，已转入你结算户内，借款到期时由我行按期自你结算户转还。　此致

借款单位

（银行盖章）淮海路分理处

江苏清江机床厂　张立强印

中国工商银行 清江支行 2018.12.10 转讫

业务 10-1

中国工商银行清江市分行
电子缴税（费）付款凭证

国

No.24276G0800627538

开户银行：工行清江支行　　扣款日期：2018 年 12 月 10 日　　收款国库：开发区库

纳税人代码	320802001230168	税务征收机关	清江市国家税务局第一分局征收科
纳税人全称	江苏清江机床厂	银行账号	0517002350532

纳税流水号	税（费）种名称	所属时期	实缴金额
1	增值税	2018-11-01 至 2018-11-30	22100.00
金额合计	（大写）贰万贰仟壹佰元整		¥ 22100.00

备注：本付款凭证仅作为纳税人记账凭证使用，且须与银行对账单电子划缴核对一致方有效，如重复入账，后果自负。凭证真伪可通过国税网站查询。	上述税费已经划缴，请与银行对账单核对一致。

中国工商银行 清江支行 2018.12.10 转讫

第 1 次打印　　打印日期：2018 年 12 月 10 日　　复核：　　记账：

业务 10-2

中国工商银行清江市分行
电子缴税（费）付款凭证

地

No.20416D0800624571

开户银行：工行清江支行　　扣款日期：2018 年 12 月 10 日　　收款国库：开发区库

纳税人代码	320802001230168	税务征收机关	清江市地方税务局第二分局征收科
纳税人全称	江苏清江机床厂	银行账号	0517002350532
纳税流水号	税（费）种名称	所属时期	实缴金额
1	城市维护建设税—城市	2018-11-01 至 2018-11-30	1547.00
2	教育费附加—教育费附加	2018-11-01 至 2018-11-30	663.00
金额合计	（大写）贰仟贰佰壹拾元整		¥ 2210.00
备注：本付款凭证仅作为纳税人记账凭证使用，且须与银行对账单电子划缴核对一致方有效，如重复入账，后果自负。凭证真伪可通过地税网站查询。	上述税费已经划缴，请与银行对账单核对一致。		

中国工商银行 清江支行 2018.12.10 转讫

第 1 次打印　　打印日期：2018 年 12 月 10 日　　复核：　　记账：

业务 11-1

投资协议书（摘录）

投出单位：华康集团

投入单位：江苏清江机床厂

……

第三，华康集团向江苏清江机床厂投入商标使用权，协议价为 400 000 元。

第四，华康集团投资后所拥有的江苏清江机床厂的权益以该商标使用权的评估价为准。

第五，华康集团必须在 2018 年 12 月 31 日前出资，并办妥有关产权转让手续。

……

江苏清江机床厂　　华康集团

2018 年 12 月 11 日

业务 11-2

资产评估报告表

编号：0512

评估委托单位：华康集团　　评估时间：2018 年 12 月 11 日　　单位：万元

序号	资产名称及规格型号	计量单位	数量	账面价值			评估价值	备注
				原值	已提折旧	净值		
1	商标使用权		1				40	

评估单位：清江正则会计师事务所　　评估人：王征　　评估负责人：呼延东

清江正则会计师事务所

业务 12-1

江苏省增值税专用发票

全国统一发票监制章

发票联

国家税务局监制

No. 6389212028

票日期：2018 年 12 月 12 日

购货单位	名　　称：江苏清江机床厂 纳税人识别号：320802001230168 地 址、电 话：清江市健康路 18 号 0517-83668616 开户行及账号：工行清江支行 0517002350532	密码区	53176-1+0<6<92-1<28<27 75*835624-35258<>*1476 8*01-/+0**<12-61258*<2 3*+-367269-37-+7/8>>>8

货物或应税劳务名称	规格型号	单位	数量	单价	金　额	税率（%）	税　额
车床	RX-243	台	1	155000	155000	16%	24800
按装调试费					50000		
合 计					¥160000		¥24800
价税合计（大写）	⊗壹拾捌万肆仟捌佰元整						（小写）¥184800.00

销货单位	名　　称：无锡车床厂 纳税人识别号：320147919748580 地 址、电 话：无锡市广华南路 0510-86486492 开户行及账号：工行广华南路分理处 5805273946583	备注	款暂欠 无锡车床厂 320147919748580 发票专用章

收款人：刘慧　　复核：李枫　　开票人：吴家伟　　销货单位：（公章）

第三联　发票联　购货方记账凭证

业务 12-2

江苏省增值税专用发票

抵扣联　国家税务局监制

No. 6389212028

开票日期：2018 年 12 月 12 日

购货单位	名　　称：江苏清江机床厂 纳税人识别号：320802001230168 地 址、电 话：清江市健康路 18 号 0517-83668616 开户行及账号：工行清江支行 0517002350532				密码区	53176-1+0<6<92-1<28<27 75*835624-35258<>*1476 8*01-/+0**<12-61258*<2 3*+-367269-37-+7/8>>>8	
货物或应税劳务名称	规格型号	单位	数量	单价	金　额	税率（%）	税　额
车床 按装调试费	RX-243	台	1	155000	155000 50000	16%	24800
合 计					¥160000		¥24800
价税合计（大写）	⊗壹拾捌万肆仟捌佰元整					（小写）¥184800.00	
销货单位	名　　称：无锡车床厂 纳税人识别号：320147919748580 地 址、电 话：无锡市广华南路 0510-86486492 开户行及账号：工行广华南路分理处 5805273946583				备注	无锡车床厂 320147919748580 1 发票专用章	

第二联 抵扣联 购货方抵扣凭证

收款人：刘慧　　复核：李枫　　开票人：吴家伟　　销货单位：（公章）

业务 12-3

委托银行收款结算凭证 （支付通知）

委托日期 2018 年 12 月 12 日

收款单位	全称	无锡车床厂		付款单位	全称	江苏清江机床厂							
	账号	5805273946583			账号	0517002350532							
	开户银行	工行广华南路分理处			开户银行	工行清江支行							
委收金额	人民币（大写）	壹拾捌万肆仟捌佰元整			百	十	万	千	百	十	元	角	分
					¥	1	8	4	8	0	0	0	0
款项内容	设备及安装调试款	委托收款凭据名称			附寄单证张数	2							
备注：													

中国工商银行 清江支行 2018.12.12 转讫

业务 12-4

固定资产验收单

编号：0641

使用部门：生产车间　　2018 年 12 月 12 日　　单位：万元

资产名称	规格及型号	单位	数量	预计使用年限	账面价值			备注
					原值	已提折旧	净值	
车床	RX-243	台	1	10	16			

设备科：　　负责人：王宇　　经办人：程南明

业务 13-1

领　料　单

领料单位：一车间　　凭证号码：021

用途：A 产品　　2018 年 12 月 13 日　　发料仓库：1 号库

材料类别	材料编号	材料名称及规格	计量单位	数量		单价（元）	金额（元）
				请领	实领		
		甲材料	千克	300	300	300	90 000

记账联

领料人：王军　　发料人：刘晓阳　　记账：杨柳

业务 13-2

领　料　单

领料单位：一车间　　凭证号码：022

用途：A 产品　　2018 年 12 月 13 日　　发料仓库：1 号库

材料类别	材料编号	材料名称及规格	计量单位	数量		单价（元）	金额（元）
				请领	实领		
		乙材料	千克	200	200	400	80 000

记账联

领料人：王军　　发料人：刘晓阳　　记账：杨柳

业务 13-3

领　料　单

领料单位：二车间　　　　凭证号码：023

用途：B产品　　　　2018 年 12 月 13 日　　　　发料仓库：1 号库

材料类别	材料编号	材料名称及规格	计量单位	数量		单价（元）	金额（元）
				请领	实领		
		甲材料	千克	150	150	300	45 000

记账联

领料人：张岩　　　　发料人：刘晓阳　　　　记账：杨柳

业务 13-4

领　料　单

领料单位：二车间　　　　凭证号码：024

用途：B产品　　　　2018 年 12 月 13 日　　　　发料仓库：1 号库

材料类别	材料编号	材料名称及规格	计量单位	数量		单价（元）	金额（元）
				请领	实领		
		乙材料	千克	120	120	400	48 000

记账联

领料人：张岩　　　　发料人：刘晓阳　　　　记账：杨柳

业务 13-5

领　料　单

领料单位：一、二车间　　　　凭证号码：025

用途：车间一般耗用　　　　2018 年 12 月 13 日　　　　发料仓库：1 号库

材料类别	材料编号	材料名称及规格	计量单位	数量		单价（元）	金额（元）
				请领	实领		
		丙材料	千克	1 000	1 000	25	25 000

记账联

领料人：王军　　　　发料人：刘晓阳　　　　记账：杨柳

业务 13-6

领 料 单

领料单位：行政管理部门　　　　凭证号码：026

用途：修理　　　　2018 年 12 月 13 日　　　　发料仓库：1 号库

材料类别	材料编号	材料名称及规格	计量单位	数量		单价（元）	金额（元）
				请领	实领		
		丙材料	千克	100	100	25	2 500

记账联

领料人：孟子言　　　　发料人：刘晓阳　　　　记账：杨柳

业务 13-7

材料发出汇总表

2018 年 12 月 13 日

材料用途	甲材料			乙材料			丙材料			合计
	数量（千克）	单价（元）	金额（元）	数量（千克）	单价（元）	金额（元）	数量（千克）	单价（元）	金额（元）	
生产A产品										
生产B产品										
车间一般耗用										
管理部门耗用										
合 计										

财务主管：　　　　复核人：　　　　制单：

业务 14-1

差 旅 费 报 销 单

2018 年 16 月 13 日　　　　单位：元

单位名称	江苏清江机床厂				部门领导签字		同意
出差事由	出差开供货会			出差人：张明			
地点	上海				出差日期 2018 年 12 月 6 日至 2018 年 12 月 12 日共 7 天		
项目	交通工具			卧铺补贴	旅馆补贴	伙食补助	其他
	火车	汽车	市内交通补助				
		426.00	140		600	105	79
报销总额	人民币（大写）壹仟叁佰伍拾元整				合计：￥1350.00		
预借旅费	￥1000.00				补领金额	￥350.00	
					退还金额		
备注:					附单据 4 张		

现金付讫

主管：吴强　　　　会计：季萍　　　　复核：　　　　记账：

业务 14-2

收款收据

No. 0002045

2018年 12月 13 日

交款单位：张明　　　　收款方式：转账方式

人民币（大写）壹仟元整　　　　小写：¥1000.00

收款事由　出差还借款

2018年12月13日

单位盖章　　财会主管：吴强　　出纳：季萍　　审核：　　经办：

业务 15

清江市零售业统一发票

购货单位：江苏清江机床厂　　　　2018年12月14日　　　　No：51401

货号	品名规格	单位	数量	单价	金额 百	十	万	千	百	十	元	角	分	备注
	办公用品							¥	5	6	0	0	0	现金收讫
合计人民币（大写）伍佰陆拾元整							¥560.00							

第二联 发票联

清江市百货公司 财务专用章

现金收讫

单位盖章：清江市百货公司　　开票人：王红　　收款人：赵亚洲

备注：交车间使用

业务 16-1

中国工商银行转账支票存根

支票号码：7815384

科　　目＿＿＿＿＿＿

对方科目＿＿＿＿＿＿

签发日期　2018年12月15日

收款人：江苏清江机床厂

金　额：¥329752.00

用　途：发工资

备　注：

主管：吴强　　会计：季萍

复核　　记账

业务 16-2

工资结算汇总表

2018 年 12 月 15 日

部门	…	应付工资	代扣款项					实发工资
			养老保险金	住房公积金	医疗保险金	个人所得税	合计	
生产 A 产品工人	…	180 000	3 636	4 428	6 120	570	14 754	165 246
生产 B 产品工人	…	120 000	2 424	2 952	4 080	420	9 876	110 124
车间管理人员	…	15 000	303	369	510	240	1 422	13 578
行政管理部门	…	35 000	707	861	1 190	380	3 138	31 862
专设销售机构	…	10 000	202	246	340	270	1 058	8 942
合 计	…	360 000	7 272	8 856	12 240	1 880	30 248	329 752

业务 17-1

江苏省增值税专用发票

记账联 国家税务局监制

No. 00163120861

开票日期：2018 年 12 月 15 日

购货单位		密码区	
	名　　称：常州远达有限公司 纳税人识别号：312132106578273 地 址、电 话：常州市钟楼区 187 号 051975637835 开户行及账号：商行钟楼区支行 2436781903		6356-1+0<6<92-1<28<17 95*835624-35258<>*125 8*01-/+0**<12-61258*<2 3*+-367269-37-+7/8>>>8

货物或应税劳务名称	规格型号	单位	数量	单价	金额	税率（%）	税额
A 产品		件	18	6000	108000	16%	17280
合 计					¥108000		¥17280

价税合计（大写）	⊗壹拾贰万伍仟贰佰捌拾元整	（小写）¥125280.00

销货单位		备注	
	名　　称：江苏清江机床厂 纳税人识别号：320802001230168 地 址、电 话：清江市健康路 18 号 0517-83668616 开户行及账号：工行清江支行 0517002350532		江苏清江机床厂 320802001230168 发票专用章

第一联 记账联 销货方记账凭证

收款人：季萍　　复核：王芸　　开票人：李阳　　销货单位：（公章）

业务 17-2

委 邮

委托银行收款结算凭证(回单)

委托日期 2018 年 12 月 15 日

收款单位	全称	江苏清江机床厂	付款单位	全称	常州远达有限公司										
	账号	0517002350532		账号或地址	2436781903										
	开户银行	工行清江支行		开户银行	商行钟楼区支行										
委收金额	人民币(大写) 壹拾贰万伍仟贰佰捌拾元整					千	百	十	万	千	百	十	元	角	分
							¥	1	2	5	2	8	0	0	0
款项内容	货款	委托收款凭据名称		附寄单证张数	3										
备注：	付款单位注意： 1. 根据结算方式规定，上列委托收款，在付款期限内未拒付时，即视同全部同意付款，以此联代支款通知。 2. 如需提前付款或多付少付款时，应另写书面通知送银行办理。 3. 如系全部或部分拒付，应在付款期限内另填拒绝付款理由书送银行办理														

中国工商银行清江支行
2018.12.15
票据受理专用章

单位主管： 会计： 复核： 记账： 收款单位开户行盖章 年 月 日

业务 18-1

中国工商银行进账单（收账通知）

2018 年 12 月 16 日 第 号

出票人	全称	清江市瑞达商场	收款人	全称	江苏清江机床厂										
	账号	236056878032		账号	0517002350532										
	开户银行	商行开发区支行		开户银行	工行清江支行										
金额	人民币（大写）壹拾万壹仟伍佰元整					千	百	十	万	千	百	十	元	角	分
							¥	1	0	1	5	0	0	0	0
票据种类	转账支票		中国工商银行 清江支行 2018.12.16 转讫		收款人开户银行盖章										
票据张数	壹张														
单位主管 会计 复核 记账															

业务 18-2

江苏省增值税专用发票

记账联　国家税务局监制

No. 00163120862

开票日期：2018 年 12 月 16 日

购货单位	名　　称：清江市瑞达商场 纳税人识别号：120132107895671 地 址、电 话：淮安市开发区 89 号 开户行及账号：商行开发区支行 236056878032				密码区	6356-1+0<6<92-1<28<17 95*835624-35258<>*125 8*01-/+0**<12-61258*<2 3*+-367269-37-+7/8>>>8	
货物或应税劳务名称	规格型号	单位	数量	单价	金　额	税率（%）	税　额
B 产品		件	25	3500	87500	16%	14000
合 计					¥87500		¥14000
价税合计（大写）	⊗壹拾万壹仟伍佰元整						（小写）¥101500.00
销货单位	名　　称：江苏清江机床厂 纳税人识别号：320802001230168 地 址、电 话：清江市健康路 18 号 0517-83668616 开户行及账号：工行清江支行 0517002350532				备注	江苏清江机床厂 320802001230168 发票专用章	

收款人：季萍　　复核：王芸　　开票人：李阳　　销货单位：（公章）

第一联　记账联　销货方记账凭证

业务 19-1

中国工商银行转账支票存根

支票号码：7815385

科　　目＿＿＿＿＿＿

对方科目＿＿＿＿＿＿

签发日期　2018 年 12 月 17 日

收款人：创新广告公司

金　额：¥5900.00

用　途：广告费

备　注：

主管：吴强　　会计务：季萍

复核　　记账

业务 19-2

清江市服务行业发票

发 票 联

客户名称：江苏清江机床厂　　　　2018 年 12 月 17 日

货号	单 位	数 量	单 价	金额							备 注
				万	千	百	十	元	角	分	
广告费					5	9	0	0	0	0	
合计金额(大写)	伍仟玖佰元整			¥	5	9	0	0	0	0	
开票单位	创新广告公司（盖章有效）		开户银行	工行淮海路分理处							
			账　　号	135725865714							

开票人(章) 张茜　　　　　　　　收款人(章) 张茜

业务 20-1

固定资产捐赠交接单

2018 年 12 月 17 日　　　　第　08　号

捐赠原因	略						
名称及型号	数量	预计使用年限	已使用年限	评估价值	已提折旧	净值	备注
机床	1	10		300 000		300 000	
捐赠单位签章：清江市大发公司				接受单位签章：江苏清江机床厂			
经办人：王长江				经办人：			

业务 20-2

固定资产验收单

编号：0642

使用部门：生产车间　　　　2018 年 12 月 17 日　　　　单位：万元

资产名称	规格及型号	单位	数量	预计使用年限	账面价值			备注
					原值	已提折旧	净值	
机床	RXJ-347	台	1	10	30		30	

设备科：　　　　负责人：王宇　　　　经办人：郭安民

业务 21-1

应收电话电报费收据

名称：江苏清江机床厂　　2018 年 12 月 18 日

费 别	金额（元）	费 别	金额（元）
月租费	315.00	其他费	
通话费	485.00	滞纳金	
农话费			
长话费	1850.00		
电报费			
共计(人民币)	贰仟陆佰伍拾元整	¥2650.00	

清江移动通讯公司 财务专用章

开票人：朱玲玲　　收款人：李海洋　　单位盖章：清江市移动通讯公司

业务 21-2

中国工商银行转账支票存根

支票号码：7815386

科　　目____________

对方科目____________

签发日期 2018 年 12 月 18 日

收款人：清江市移动通讯公司

金　额：¥2650.00

用　途：电话费

备　注：

主管：吴强　　会计：季萍

复核　　记账

业务 22

中国工商银行进账单（收账通知）

2018 年 12 月 19 日　　　　第　　号

<table>
<tr><td rowspan="3">出票人</td><td>全　称</td><td>无锡恒运有限公司</td><td rowspan="3">收款人</td><td>全　称</td><td colspan="10">江苏清江机床厂</td></tr>
<tr><td>账　号</td><td>357056878524</td><td>账　号</td><td colspan="10">0517002350532</td></tr>
<tr><td>开户银行</td><td>商行开发区支行</td><td>开户银行</td><td colspan="10">工行健康路分理处</td></tr>
<tr><td rowspan="2">金额</td><td colspan="4" rowspan="2">人民币（大写）贰拾玖万贰仟伍佰元整</td><td>千</td><td>百</td><td>十</td><td>万</td><td>千</td><td>百</td><td>十</td><td>元</td><td>角</td><td>分</td></tr>
<tr><td></td><td>¥</td><td>2</td><td>9</td><td>2</td><td>5</td><td>0</td><td>0</td><td>0</td><td>0</td></tr>
<tr><td colspan="2">票据种类</td><td>银行汇票</td><td colspan="12" rowspan="3">注：归还前欠货款
中国工商银行
清江支行
2018.12.19
转讫
收款人开户银行盖章</td></tr>
<tr><td colspan="2">票据张数</td><td>壹张</td></tr>
<tr><td colspan="3">单位主管　会计　复核　记账</td></tr>
</table>

业务 23-1

中国工商银行转账支票存根

支票号码：7815387

科　　目________

对方科目________

签发日期　2018 年 12 月 20 日

收款人：中国红十字会清江分会

金　额：¥55000.00

用　途：希望工程捐款

备　注：

主管：吴强　　会计：季萍

复核　　　　记账

业务 23-2

行政事业性收费专用收款收据

签发日期：2018 年 12 月 20 日　　　　　　　　　　　　（　　）费字第　850　号

交款单位	江苏清江机床厂		收费许可证	字第　　号	
收费项目	希望工程捐款				
计费标准					
收费金额	人民币（大写）伍万伍仟元整		（小写）¥55000.00		
收款单位	中国红十字会清江分会（中国红十字会清江分会 财务专用章）	收款人	吴洋	交款人	季萍

第二联 收据

业务 24-1

中国工商银行进账单（收账通知）

2018 年 12 月 21 日　　　　　　　　　　第　　号

出票人	全　称	清江市钢铁厂	收款人	全　称	江苏清江机床厂
	账　号	336356893037		账　号	0517002350532
	开户银行	建行开发区支行		开户银行	工行清江支行

金额	千	百	十	万	千	百	十	元	角	分
人民币（大写）壹万壹仟陆佰元整			¥	1	1	6	0	0	0	0

票据种类	转账支票	中国工商银行 清江支行 2018.12.21 转讫
票据张数	壹张	
单位主管　会计　复核　记账		收款人开户银行盖章

业务 24-2

江苏省增值税专用发票

记账联

No. 00163120863

开票日期：2018 年 12 月 21 日

购货单位	名　　称：清江市钢铁厂 纳税人识别号：120102103265483 地 址、电 话：清江市滨河路 125 号 051784267836 开户行及账号：建行开发区支行 336356893037	密码区	6356-1+0<6<92-1<28<17 95*835624-35258<>*125 8*01-/+0**<12-61258*<2 3*+-367269-37-+7/8>>>8

货物或应税劳务名称	规格型号	单位	数量	单价	金额	税率（%）	税额
丁材料		千克	1000	10	10000	16%	1600
合 计					¥10000		¥1600
价税合计（大写）	⊗壹万壹仟陆佰元整				（小写）¥11600.00		

销货单位	名　　称：江苏清江机床厂 纳税人识别号：320802001230168 地 址、电 话：清江市健康路 18 号 0517-83668616 开户行及账号：工行清江支行 0517002350532	备注	江苏清江机床厂 320802001230168 发票专用章

收款人：季萍　　复核：王芸　　开票人：李阳　　销货单位：（公章）

第一联 记账联 销货方记账凭证

业务 25

材料销售成本计算表

2018 年 12 月 21 日　　　　单位：元

材料名称	计量单位	销售数量	单位平均成本	总成本
丁材料	千克	1 000	6.50	6 500
合　计		1 000	6.50	6 500

制表：杨柳

业务 26-1

委托银行收款结算凭证（支付通知）

委托日期 2018 年 12 月 25 日

收款单位	全称	清江市供电公司	付款单位	全称	江苏清江机床厂
	账号	180523194675		账号	0517002350532
	开户银行	工行淮海路分理处		开户银行	工行清江支行
委收金额	人民币（大写）	叁万肆仟玖佰柒拾捌元陆角肆分		百 十 万 千 百 十 元 角 分	¥ 3 4 9 7 8 6 4
款项内容	电费	委托收款凭据名称		附寄单证张数	2
备注:					

中国工商银行
清江支行
2018.12.25
转讫

业务 26-2

江苏省增值税专用发票

发票联

No. 6421212029

开票日期: 2018 年 12 月 25 日

购货单位	名　　称: 江苏清江机床厂 纳税人识别号: 320802001230168 地 址、电 话: 清江市健康路 18 号 0517-83668616 开户行及账号: 工行清江支行 0517002350532					密码区	53176-1+0<6<92-1<28<26 75*835624-35258<>*1476 8*01-/+0**<12-61258*<2 3*+-367269-37-+7/8>>>8	
货物或应税劳务名称	规格型号	单位	数量	单价	金　额	税率（%）	税　额	
电		度			30154	16%	4824.64	
合 计					¥30154		¥4824.64	
价税合计（大写）	⊗叁万肆仟玖佰柒拾捌元陆角肆分						（小写）¥34978.64	
销货单位	名　　称: 清江市供电公司 纳税人识别号: 3208479197485386 地 址、电 话: 清江市淮海南路 285 号 0517-89635276 开户行及账号: 工行淮海路分理处 180523194675					备注	清江市供电公司 3208479197485386 发票专用章	

第三联 发票联 购货方记账凭证

收款人: 吴君　　复核: 张薇　　开票人: 李家荣　　销货单位:（公章）

业务 26-3

江苏省增值税专用发票

国家税务局监制

No. 6421212029

开票日期：2018 年 12 月 25 日

购货单位	名　　称：江苏清江机床厂 纳税人识别号：320802001230168 地 址、电 话：清江市健康路 18 号 0517-83668616 开户行及账号：工行清江支行　0517002350532	密码区	53176-1+0<6<92-1<28<26 75*835624-35258<>*1476 8*01-/+0**<12-61258*<2 3*+-367269-37-+7/8>>>8

货物或应税劳务名称	规格型号	单位	数量	单价	金　额	税率（%）	税　额
电		度			30154	16%	4824.64
合 计					¥30154		¥4824.64
价税合计（大写）	⊗叁万肆仟玖佰柒拾捌元陆角肆分						（小写）¥34978.64

销货单位	名　　称：清江市供电公司 纳税人识别号：3208479197485386 地 址、电 话：清江市淮海南路 285 号　0517-89635276 开户行及账号：工行淮海路分理处 180523194675	备注	清江市供电公司 3208479197485386 发票专用章

收款人：吴君　　复核：张薇　　开票人：李家荣　　销货单位：（公章）

第二联 抵扣联 购货方抵扣凭证

业务 26-4

电费分配表

2018 年 12 月 25 日

部 门	分配金额（元）
基本生产车间	25 190
行政管理部门	3 000
专设销售机构	1 964
合　计	30 154

财会主管：吴强　　复核：　　制表：李铭

业务 27-1

中国工商银行进账单（收账通知）

2018年12月28日　　　　第　号

出票人			收款人		
出票人	全称	万科公司	收款人	全称	江苏清江机床厂
	账号	0517486725314		账号	0517002350532
	开户银行	建行开发区支行		开户银行	工行清江支行

金额	千	百	十	万	千	百	十	元	角	分
人民币（大写）肆万元整			¥	4	0	0	0	0	0	0

票据种类	转账支票
票据张数	壹张

单位主管　　会计　复核　记账

中国工商银行
清江支行
2018.12.28
转
讫

收款人开户银行盖章

业务 27-2

收款收据

No. 0002046

2018年 12月28日

交款单位：万科公司　　　　收款方式：转账

人民币（大写）肆万元整　　　　小写：¥40000.00

收款事由　投资收益款

2018年12月28日

江苏清江机床厂
财务专用章

单位盖章　　财会主管：吴强　　出纳：季萍　　经办

业务 28

利息费用分配表

2018年12月29日　　　　单位：元

费用种类	应借科目	本金	年利率	月利息费用
生产周转借款	财务费用	100 000	8%	666
临时借款	财务费用	100 000	6%	500
合　计				1166

财会主管：吴强　　　复核：　　　制表：李铭

业务 29–1

中国工商银行进账单（收账通知）

2018 年 12 月 29 日　　　　第　号

出票人	全　称	清江市红光公司	收款人	全　称	江苏清江机床厂
	账　号	266375393090		账　号	0517002350532
	开户银行	建行北京路支行		开户银行	工行清江支行

金额	千	百	十	万	千	百	十	元	角	分
人民币（大写）贰仟伍佰陆拾元整				¥	2	5	6	0	0	0

票据种类	转账支票	中国工商银行 清江支行 2018.12.29 转 讫
票据张数	壹张	
单位主管　会计　复核　记账		收款人开户银行盖章

业务 29–2

收款收据

No. 0002047

2018 年 12 月 29 日

交款单位：红光公司　　　　收款方式：转账

人民币（大写）贰仟伍佰陆拾元整　　　　小写：¥2560.00

收款事由：违约金

江苏清江机床厂 财务专用章

2018 年 12 月 29 日

单位盖章　　财会主管：吴强　　出纳：季萍　　审核

业务 30

固定资产折旧计算汇总表

2018 年 12 月 31 日　　　　单位：元

部　　门	固定资产原值	月折旧率	折旧金额
生产车间	35 500 000	0.1%	35 500
行政管理部门	2 500 000	0.15%	3 750
合　　计			39 250

财会主管：吴强　　复核：　　制表：李铭

业务 31

工 资 费 用 分 配 表

2018 年 12 月 31 日 单位：元

项　目 / 用　途	工资总额
生产 A 产品工人工资	180 000
生产 B 产品工人工资	120 000
车间管理人员工资	15 000
行政管理部门人员工资	35 000
专设销售机构人员工资	10 000
合　计	360 000

财会主管：吴强　复核：　制表：李铭

业务 32

社会保险计算表

2018 年 12 月 31 日 单位：元

应借账户		工资总额	社会保险（25%）
生产成本	A 产品	180 000	
	B 产品	120 000	
小计		300 000	
制造费用		15 000	
管理费用		35 000	
销售费用		10 000	
合　计		360 000	

财会主管：　复核：　制表：

业务 33

无形资产摊销表

2018 年 12 月 31 日 单位：元

项　目	摊销金额
专利权	4 530.00
特许权	1 731.50
合　计	6 261.50

财会主管：吴强　复核：　制表：李铭

业务 34

制造费用分配表

2018 年 12 月 31 日

产品名称	分配标准（生产工人工资）	分 配 率	分配金额（元）
A 产品	180 000		
B 产品	120 000		
合 计	300 000		

财会主管：　　复核：　　制表：

业务 35-1

产品成本计算单（第一车间）

产品名称：A 产品　　2018 年 12 月 31 日

完工产量：300 件　　单位：元

成 本 项 目	直接材料	直接人工	制造费用	合 计
月初在产品成本	230 600	180 000	85 400	496 000
本月生产费用				
生产费用合计				
完工产品成本				
单位产品成本				

财会主管：　　复核：　　制表：

业务 35-2

产品成本计算单（第二车间）

产品名称：B 产品　　2018 年 12 月 31 日

完工产量：250 件　　单位：元

成 本 项 目	直接材料	直接人工	制造费用	合 计
本月生产费用				
完工产品成本				
单位产品成本				

财会主管：　　复核：　　制表：

业务 35-3

产成品入库单

2018 年 12 月 31 日　　　　单位：元

产品名称	规格型号	单 位	数 量	单位成本	总成本
A产品		件			
B产品		件			

财会主管：　　　　复核：　　　　制表：

业务 36

主营业务成本计算表

2018 年 12 月 31 日　　　　单位：元

销售产品名称	数量（件）	单位成本	总 成 本
A产 品			
B产 品			
合 计			

财会主管：　　　　复核：　　　　制表：

业务 37-1

盘盈盘亏报告单

填报部门：　　　　2018 年 12 月 31 日　　　　单位：元

品名	单位	单价	账存数量	实存数量	盘亏		盘盈		原因
					数量	金额	数量	金额	
甲材料	千克	300	3680	3690			10	3000	其中2000元属于自然升溢，1000元属计量误差造成。
处理意见：									

财务处记账联

财会主管：吴强　　　　复核：　　　　制表：杨柳

业务 37-2

盘盈盘亏报告单

填报部门：　　　　2018 年 12 月 31 日　　　　单位：元

品名	单位	单价	账存数量	实存数量	盘亏		盘盈		原因
					数量	金额	数量	金额	
乙材料	千克	400	1560	1537.5	22.5	900			其中1800元属于定额内自然损耗，1200元属计量误差造成，1000元属保管员责任，5000元属风雨袭击。
处理意见：									

财务处记账联

财会主管：吴强　　　　复核：　　　　制表：杨柳

业务 37–3

盘盈盘亏报告单

填报部门： 2018 年 12 月 31 日 单位：元

品名	单位	单价	账存数量	实存数量	盘亏		盘盈		原因
					数量	金额	数量	金额	
甲材料	千克	300	3 680	3 690			10	3 000	其中2000元属于自然升溢，1000元属计量误差造成。

处理意见：同意冲减“管理费用”

张立强

2018.12.31

财会主管：吴强 复核： 制表：杨柳

批复联

业务 37–4

盘盈盘亏报告单

填报部门： 2018 年 12 月 31 日 单位：元

品名	单位	单价	账存数量	实存数量	盘亏		盘盈		原 因
					数量	金额	数量	金额	
乙材料	千克	400	1 560	1 537.5	22.5	9 000			其中1800元属于定额内自然损耗，1200元属计量误差造成，1000元属保管员责任，5000元属暴风雨袭击。

处理意见：定额内自然损耗和计量误差造成的同意计入“管理费用”；属保管员责任的由保管员王雷赔偿；暴风雨袭击的由保险公司赔偿4000元，余下1000元计入“营业外支出”。

同意 张立强

2018.12.31

财会主管：吴强 复核： 制表：杨柳

批复联

业务 38

城市维护建设税及教育费附加计算表

2018 年 12 月 31 日 单位：元

项 目	金 额
销项税额	
进项税额	
应纳增值税额	
流转税额合计	
应纳城市维护建设税额（7%）	
应交教育费附加（3%）	

财会主管： 复核： 制表：

业务 39

损益类账户本月累计金额汇总表

2018 年 12 月 31 日　　单位：元

项　　目	金　　额	项　　目	金　　额
主营业务收入		主营业务成本	
其他业务收入		税金及附加	
营业外收入		其他业务成本	
投资收益		销售费用	
		管理费用	
		财务费用	
		营业外支出	
合　计		合　计	

财会主管：　　复核：　　制表：

业务 40

应交所得税计算表

2018 年 12 月 31 日　　单位：元

应纳税所得额	税率	应交所得税额
	25%	

财会主管：　　复核：　　制表：

备注：假定没有调整项目。

业务 41

全年净利润计算表

2018 年 12 月 31 日

项　目	金　　额（元）
1-11 月净利润	
12 月份净利润	
合　计	

财会主管：　　复核：　　制表：

业务 42

盈余公积金计提表

2018 年 12 月 31 日　　单位：元

项　　目	全年税后利润	提取比例	提取金额
法定盈余公积金		10%	
任意盈余公积金		5%	
合 计			

财会主管：　　复核：　　制表：

业务 43 董事会决议（摘录）

江苏清江机床厂董事会决定:

……

第五条：本年度实际的净利润中，向投资者分配现金股利 300 000 元。

第六条：利润分配事宜，由公司财务科组织实施。

……

江苏清江机床厂董事会
董事长：张立强
2018 年 12 月 31 日

业务 44 利润分配各明细账户余额

利润分配明细账余额	金　额（元）
利润分配——提取法定盈余公积	
利润分配——提取任意盈余公积	
利润分配——应付现金股利	
合　计	

财会主管：　　　　复核：　　　　制表：

二、会计基础综合实训指导

业务 1

（1）该笔业务应填制付款凭证。

（2）该笔业务的原始凭证为现金支票存根。企业向银行提取现金的“现金支票”正联格式如下所示。

中国工商银行现金支票(苏)　　4723104

出票日期（大写）贰零壹捌年 壹拾贰月零壹日　　付款行名称：工行清江支行

收款人：江苏清江机床厂财务科　　出票人账号：0517002350532

本支票付款期限十天

人民币
(大写) 贰仟圆整

千	百	十	万	仟	百	十	元	角	分
			¥	2	0	0	0	0	0

用途 备用金

上列款项请从我账户内支付

出票人签章

（江苏清江机床厂 财务专用章）（张立强印）

科目（借）

对方科目（贷）

付讫日期　　年　　月　　日

出纳　　　复核　　　记账

贴对号单处　4723104

出纳人员应按规定要求填写正联，应注意以下几点。

① 使用碳素墨水或墨汁填写。

② 出票日期必须使用中文大写。在填写月、日、时，月为壹、贰和壹拾的，日为壹至玖和壹拾、贰拾和叁拾的，应在其前加“零”；日为拾壹至拾玖的，应在其前加“壹”。

③ 中文大写金额数字应用正楷或行书填写，不得自造简化字。中文大写金额数字到“元”为止的，在“元”之后，应写“整”（或“正”）字，在“角”之后可以不写“整”（或“正”）字，大写金额有“分”的，“分”后面不写“整”（或“正”）字。中文大写金额数字应紧接“人民币”字样填写，不得留有空白。

④ 阿拉伯小写金额数字中有“0”时，中文大写应按照汉语语言规律、金额构成和防止涂改的要求书写。阿拉伯小写金额数字不得连写，防止分辨不清，并在其前面填写人民币符号“¥”。

（3）企业签发现金支票向银行提取现金，为避免重复，一般规定只填制一张银行存款付款凭证。登账时，以该凭证同时登记“库存现金”账户的借方和“银行存款”账户的贷方。

（4）采用支票结算方式，应注意以下几个主要问题。

① 支票只能由财会部门保管和签发，不能将其交给其他部门代签。同时，签发的支票必须登记。

② 一般不许带空白支票外出采购，如果事先无法确定金额，确须带空白支票，必须在支票上填明日期、收款单位和款项用途，并规定付款限额和报销期限。

③ 支票须用黑色（碳素）墨水书写，加盖与预留银行印鉴相符的印章，不得涂改。

④ 支票上的日期应为签发日，同时，日期必须大写。

⑤ 支票的提示付款期限为10天。

⑥ 不准签发空头支票。出票人签发空头支票，签章与预留银行签章不符的支票，使用支付密码地区，支付密码错误的支票，银行应予退票，并按支票面额的5%但不低于1 000元进行罚款；持票人有权要求出票人支付支票金额的2%的赔偿金。

⑦ 支票应按编定号码顺序签发，作废的支票注销后，应与存根一起妥善保管。已签发的现金支票遗失，可向银行申请挂失，已签发的转账支票遗失，银行不受理挂失。

业务2

（1）该笔业务应填制付款凭证。

（2）该笔业务说明企业12月之前曾从清江市华光有限公司采购材料一批，货款1 006 200元没有支付，当时应编制转账凭证，贷记“应付账款”账户，表示企业债务的增加。12月1日归还清江市华光有限公司上月所欠购货款，一方面使企业的债务减少，借记“应付账款”账户；另一方面企业银行存款减少，贷记“银行存款”账户。

业务3

（1）该笔业务应填制付款凭证。

（2）企业在国内采购的货物，按照增值税专用发票上注明的增值税额，借记“应交税费——应交增值税（进项税额）”账户，并按照专用发票上记载的应计入采购成本的金额，借记“在途物资”账户。“在途物资”账户属于资产类账户，用以核算企业购入材料的实际采购成本。该账户的借方登记购入材料的买价和采购费用，贷方登记已完成采购手续记入“原材料”账户的材料采购成本，期末借方余额反映尚未到达或已到达尚未验收入库的在途材料。为了计算材料的采购成本，考核材料采购计划的执行情况，应按材料品种或类别设置明细分类账，并按采购成本项目分设专栏。该笔业务由于款项已付，故应贷记“银行存款”账户。

（3）企业外购货物所支付的运杂费按甲、乙两种材料的重量比例分配，分配率=3 250÷（500+800）=2.5，甲材料应分摊的运杂费=500×2.5=1 250（元）；乙材料应分摊的运杂费=800×2.5=2 000（元），分配的运杂费金额计入相应的材料成本。

业务 4

（1）该笔业务应填制转账凭证。

（2）从南京三星工厂购入的甲、乙两种材料已运到并已验收入库，应按材料的实际成本，即买价加运杂费入账，借记“原材料”账户，贷记“在途物资”账户。

业务 5

（1）该笔业务应填制付款凭证。

（2）预付的差旅费属暂付款项，应通过“其他应收款”这个资产类账户核算。预付时，记入“其他应收款”账户的借方，报销差旅费以及收回暂付款时，记入“其他应收款”账户的贷方。期末借方余额表示尚未收回或报销的暂付款。

业务 6

（1）该笔业务应填制收款凭证。

（2）企业应按照权责发生制的要求，合理地确定销售收入的入账时间。本笔业务应根据销货发票和银行进账单（收账通知）确认收入。

（3）该笔业务一方面使企业的资产——“银行存款”增加，另一方面使企业的“主营业务收入”以及负债——“应交税费——应交增值税（销项税额）”增加。

（4）为了简化销售成本的核算手续，一般于月末按配比原则，根据产成品发出凭证编制“产成品发出汇总表”，一次性结转已销产品的销售成本，故本笔业务以及后面的业务 17、业务 18 均无须做结转已销产品成本的账务处理，而在业务 36 中集中一次性结转。

业务 7

（1）该笔业务应填制转账凭证。

（2）该笔业务与业务 3 相似，不同点是业务 3 发生的购货款以银行存款支付，而业务 7 发生的款项均未支付。由于款未付，故此笔业务发生后，应贷记“应付账款”账户，表示债务的增加。

业务 8

（1）该笔业务应填制付款凭证和转账凭证两张凭证。

（2）支付材料的运杂费计入“在途物资”账户，填制付款凭证。

（3）企业外购货物所支付的运杂费按乙、丙两种材料的重量比例分配，分配率=2 000÷（1 000+3 000）=0.5，乙材料应分摊的运杂费=1 000×0.5=500（元）；丙材料应分摊的运杂费=3 000×0.5=1 500（元），分配的运杂费金额计入相应的材料成本。材料验收入库，填制转账凭证。应按材料的实际成本，即买价加运杂费入账，借记“原材料”账户，贷记“在途物资”账户。

业务 9

（1）该笔业务应填制收款凭证。

（2）向银行借入生产周转借款属于短期借款，一方面使企业银行存款增加，借记“银行存款”账户；另一方面表明企业短期债务增加，贷记“短期借款”账户。

（3）短期借款是指企业为维持或补充正常的生产经营所需资金而向银行或其他金融机构借入

的期限在一年以内的各种借款。企业在进行正常的生产经营过程中，由于各种原因，往往需要向银行或其他金融机构取得一定数量的短期借款，以满足生产周转的需要。企业应按照规定的程序，向银行或其他金融机构提出申请，借入短期借款。各种类型的借款都规定有期限和利率，企业必须按期如数归还本金，并及时足额地支付利息，以保证企业生产经营的正常周转以及信贷资金的良性循环。如果遇有特殊原因不能归还，应向银行或其他金融机构申请延期还款，经审查同意后可以延期。

（4）为了总括地核算和监督短期借款的取得和归还情况，企业应设置“短期借款”账户。该账户的贷方登记已取得的借款，借方登记归还的借款，期末贷方余额反映尚未归还的借款。该账户按债权人设置明细账，并按借款种类进行明细分类核算。

（5）短期借款的利息作为一项筹资费用，应记入企业的“财务费用”账户，从当期的收入中补偿。在实际工作中，银行或其他金融机构对于短期借款的利息一般按季结算，企业为了正确核算当期损益，需要通过“应付利息”账户核算按月预计发生的利息并计入当月的财务费用，季末一次支付。

业务 10

（1）该笔业务应填制付款凭证。

（2）该笔业务一方面使企业的银行存款（资产）减少，另一方面使企业应交纳的税金（负债）减少。该业务涉及“银行存款”和“应交税费”两个账户，故应根据网上税务系统完税打印的“电子缴税（费）付款凭证”作为原始凭证，借记“应交税费”账户，贷记“银行存款”账户。

业务 11

（1）该笔业务应填制转账凭证。

（2）企业的无形资产包括：专利权、非专利技术、著作权、土地使用权、商标权、特许权等，它们属于非货币性资产且能够在多个会计期间为企业带来经济利益。企业接受以商标的使用权作为投资，商标的使用权属于特许权。特许权，又称经营特许权、专营权，指企业在某一地区经营或销售某种特定商品的权利或是一家企业接受另一家企业使用其商标、商号、技术秘密等的权利。本笔业务一方面使企业的无形资产增加，另一方面使企业的实收资本增加。

业务 12

（1）该笔业务应填制付款凭证。

（2）企业外购的固定资产，应按实际支付的购买价款、使固定资产达到预定可使用状态前所发生的可归属于该项资产的运输费、装卸费、安装调试费和专业人员的服务费等，作为固定资产的取得成本。根据“固定资产验收单”可判断该固定资产已投入使用，因此以买价和安装调试费作为固定资产成本记入“固定资产”账户的借方；增值税记入“应交税费——应交增值税”（进项税）的借方；根据“委托银行收款结算凭证（支付通知）”，贷记“银行存款”账户。

业务 13

（1）该笔业务应填制转账凭证。

（2）一方面，无论是耗用外购材料还是自制材料，其费用分配均应根据审核、计价以后的发料凭证，按照材料的具体用途进行：直接用于产品生产的材料费用，计入各种产品成本，借记“生产成本”；车间一般性耗用材料，先在“制造费用”账户进行归集，期末按一定标准分配转入各种产品的生产成本；企业为管理生产经营活动而发生的材料费用，作为期间费用，借记“管理费用”账户，期末转入“本年利润”账户，不得计入产品成本。另一方面，仓库材料发出使库存材料减少，应贷记“原材料”账户。

业务 14

（1）该笔业务应填制转账凭证和付款凭证两张凭证。

（2）职工出差返回后，应按规定填写报销单。会计人员应严格按照国家规定的费用开支和单位差旅报销标准审核报销单，出纳人员在支付报销款项时，也应按标准逐项复核无误后，支付现金。报销人如果预借款项不足支付差旅费时，用现金补足；如果报销后原借款项有剩余时，剩余款应立即退回。

（3）该笔业务张明报销差旅费 1 350 元，张明预借差旅费 1 000 元，不足 350 元以现金付讫。按有关规定，职工归还借款时，原借款凭据因已入账，不得退还，应由会计人员另开收据或退还借据副本。对于本业务，出纳人员开出了通用收据，在事由栏注明了“出差还借款”。

（4）该笔业务应根据差旅费报销单和通用收据填制一张转账凭证，借记“管理费用”账户，贷记“其他应收款”账户，金额为 1 000 元。同时填制一张付款凭证，借记“管理费用”账户，贷记“库存现金”账户，金额为 350 元。

（5）每张记账凭证后所附原始凭证的张数，没有经过汇总的原始凭证，按自然张数计算；经过汇总的原始凭证，每一张汇总单或汇总表按一张原始凭计算。本业务中转账凭证所附的差旅费报销单后还附有车票、住宿发票等 4 张单据，这 4 张单据在报销单“附单据张数”中已经做了记录，所以在计算记账凭证附件张数时，这张报销单只能作为一张原始凭证。

业务 15

（1）该笔业务应填制付款凭证。

（2）企业购买办公用品当即交车间使用，记入“制造费用”账户的借方，同时贷记“库存现金”账户。

业务 16

（1）该笔业务应填制付款凭证。

（2）企业通过银行将工资发放到职工个人工资账户，不论工资的用途如何，一律按实发数先借记“应付职工薪酬”账户，贷记“银行存款”账户，月底再根据工资的应发数按具体用途进行分配（详见实训指导中的业务 31）。

业务 17

（1）该笔业务应填制转账凭证。

（2）该笔业务和业务 6 的不同之处在于款尚未收到，办妥委托银行收款结算手续，所以增加的应收款项应借记“应收账款”账户，增加的收入应贷记“主营业务收入”账户，增值税贷记“应交税费——应交增值税（销项税）”账户。

业务 18

（1）该笔业务应填制收款凭证。

（2）该笔业务与业务 6 相同，参见业务 6 的实训指导。

业务 19

（1）该笔业务应填制付款凭证。

（2）企业在销售产品过程中发生的各项费用，如包装费、运输费、装卸费、保险费、展览费、广告费等，应作为期间费用，于发生时借记“销售费用”账户，期末转入“本年利润”账户。

（3）该笔业务广告费已用银行存款支付，应贷记“银行存款”账户。

业务20

（1）该笔业务应填制转账凭证。

（2）营业外收入是指企业发生的与其日常活动无直接关系的各项利得，主要包括与企业日常活动无关的政府补助、盘盈利得、罚没利得、捐赠利得、确实无法支付而按规定程序经批准后转作营业外收入的应付款项等。企业通过“营业外收入”账户核算营业外收入的取得及结转情况，贷方登记企业确认的各项营业外收入，借方登记期末结转入本年利润的营业外收入，结转后该账户应无余额。

（3）接受固定资产捐赠，属于企业的捐赠利得，一方面借记“固定资产”账户，另一方面贷记“营业外收入”账户。

业务21

（1）该笔业务应填制付款凭证。

（2）“管理费用”账户是用来核算为组织和管理生产经营活动而发生的各项管理费用，包括企业的董事会和行政管理部门在企业的经营管理中发生的，或者应由企业统一负担的公司经费，如行政管理部门职工薪酬、修理费、物料消耗、低值易耗品摊销、办公费和差旅费、业务招待费、工会经费、咨询费，以及相关税费等。该笔业务一方面使企业管理费用增加，借记“管理费用”账户；另一方面减少了企业的银行存款，贷记“银行存款”账户。

业务22

（1）该笔业务应填制收款凭证。

（2）该笔业务说明企业12月之前曾向无锡恒远有限公司销售产品一批，货款292 500元没有收到，当时应编制转账凭证，借记“应收账款”账户，表示企业债权的增加。12月19日收到无锡恒远有限公司上月所欠销货款，一方面使企业的银行存款增加，借记“银行存款”账户；另一方面企业应收账款已收回，表明企业债权的减少，贷记“应收账款”账户。

业务23

（1）该笔业务应填制付款凭证。

（2）营业外支出是指企业发生的与日常活动无直接关系的各项损失，主要包括债务重组损失、盘亏损失、罚款支出、公益性捐赠支出、非常损失等。其中，公益性捐赠支出是指企业对外进行公益性捐赠发生的支出，通过“营业外支出”账户进行核算。该账户核算营业外支出的发生及结转情况，借方登记企业发生的各项营业外支出，贷方登记期末结转入本年利润的营业外支出，结转后该账户应无余额。本账户应按照营业外支出的项目进行明细核算。该笔向希望工程捐款的业务应记入“营业外支出”的借方。

业务24

（1）该笔业务应填制收款凭证。

（2）该笔业务是企业销售材料，货款收到并存入银行，所以，应记入“银行存款”账户的借方，收入应记入“其他业务收入”账户。“其他业务收入”账户是用来核算企业除产品销售以外的其他销售或其他业务的收入，如材料销售、技术转让、固定资产出租、包装物出租、加工修理修配以外的非工业性劳务的收入。取得其他业务收入时，记入该账户的贷方，所以本笔业务应贷记“其他业务收入”和“应交税费”两个总账。

业务 25

（1）该笔业务应填制转账凭证。

（2）“其他业务成本”账户是用来核算企业除产品销售以外的其他销售或其他业务所发生的支出，包括销售成本、提供劳务而发生的相关成本、费用、税金及附加等。材料销售收入属于其他业务收入，相应地已销材料的成本应通过“其他业务成本”账户核算。计算公式如下：

材料销售成本=材料销售数量×材料的单位采购成本

该笔业务表明，由于销售而使材料减少，已销材料成本应从“原材料”账户的贷方转入“其他业务成本”账户的借方。

业务 26

（1）该笔业务应填制付款凭证。

（2）企业每月发生的水电等费用，一般情况下收款部门通过“委托银行收款结算”方式进行款项的收取，企业再按其用途和有关规定进行分配，计入本月生产成本和相关费用。

① 生产车间的电费，应计入“制造费用”账户。

② 行政管理部门的电费，应计入“管理费用”账户。

③ 专设销售机构的电费，应计入“销售费用”账户。

该笔业务一方面使企业的制造费用、管理费用、销售费用增加，借记“制造费用”“管理费用”“销售费用”账户；另一方面减少了企业的银行存款，贷记“银行存款”账户。

业务 27

（1）该笔业务应填制收款凭证。

（2）“投资收益”账户是用来核算企业以各种方式对外投资取得的收益或发生的损失。该笔业务中，企业对外投资取得收入引起投资收益的增加及银行存款的增加，应分别记入“银行存款”账户的借方和“投资收益”账户的贷方。若企业发生投资损失，则应记入“投资收益”账户的借方，贷记有关账户。

业务 28

（1）该笔业务应填制转账凭证。

（2）借款利息如果按季支付，且数额较大，则应采用预提方法，按月预提计入费用。预提时，借记“财务费用”账户，贷记“应付利息”账户（本笔业务的分录）。实际支付时，借记“应付利息”账户，贷记“银行存款”账户。如果实际支付数大于已提数额，其差额应予补提，补提时，借记“财务费用”账户，贷记“应付利息”账户。

（3）本笔业务中

月利息费用=本金×年利率÷12

业务 29

（1）该笔业务应填制收款凭证。

（2）该笔业务和业务 20 相似，参见业务 20 的实训指导。违约金属于企业的罚没利得，一方面借记“银行存款”账户，另一方面贷记“营业外收入”账户。

业务 30

（1）该笔业务应填制转账凭证。

（2）固定资产由于损耗而应分摊计入某个会计期间的成本或费用，称为折旧费。企业应于期末编制固定资产折旧计算表，计算各车间、部门的折旧额，对于生产车间使用的固定资产折旧应记入“制造费用”账户借方。为了反映固定资产的原始价值、折旧和净值情况，固定资产因损耗而减少的价值，应设置“累计折旧”账户，来反映固定资产因磨损等造成的价值损耗。

月折旧额=固定资产原值×月折旧率

业务31

（1）该笔业务应填制转账凭证。

（2）企业每月发生的工资费用，月末应按其用途和有关规定进行分配，计入本月生产成本和有关费用，或在规定的资金渠道中列支。

① 生产工人工资，应计入“生产成本”账户。

② 车间管理人员工资，应计入“制造费用”账户。

③ 行政管理部门人员工资，应计入“管理费用”账户。

④ 专设销售机构人员工资，应计入“销售费用”账户。

（3）职工薪酬，是指企业为获得职工提供的服务而给予各种形式的报酬以及其他相关支出。包括短期薪酬、离职后福利、辞退福利和其他长期职工福利。企业通过“应付职工薪酬”账户核算企业职工薪酬的提取、结算、使用等情况。该账户贷方登记已经分配计入有关成本费用项目的职工薪酬的数额，借方登记实际发放职工薪酬的数额；该账户期末贷方余额，反映企业应付未付的职工薪酬。“应付职工薪酬”账户应按照“工资、奖金、津贴和补贴”“职工福利费”“社会保险费”“住房公积金”“工会经费和职工教育经费”“非货币性福利”等应付职工薪酬项目设置明细科目，进行明细核算。

业务32

（1）该笔业务应填制转账凭证。

（2）该笔业务参见业务31的指导。

业务33

（1）该笔业务应填制转账凭证。

（2）企业的无形资产属于非货币性资产，且能够在多个会计期间为企业带来经济利益。无形资产的使用年限在一年以上的，其价值将在各个收益期间逐渐摊销。企业应当于取得无形资产时分析、判断其使用寿命。使用寿命有限的无形资产应进行摊销，使用寿命不确定的无形资产不应摊销。无形资产的摊销方法一般采用直线法按月进行摊销。摊销额一般计入当期损益，企业自用的无形资产，其摊销金额借记“管理费用”账户；出租的无形资产，其摊销金额借记“其他业务成本”账户；同时，贷记“累计摊销”账户。

业务34

（1）该笔业务应填制转账凭证。

（2）企业发生的各项制造费用是按其用途和发生地点，通过“制造费用”账户进行归集和分配的。费用发生时，根据有关支出凭证归集在“制造费用”账户的借方，期末应分配转入“生产成本”账户计入产品成本，“制造费用”账户月末一般没有余额。

（3）在生产一种产品的车间中，制造费用可直接计入其产品成本；在生产多种产品的车间中，就要采用既合理又简便的分配方法，将制造费用分配计入各种产品成本。其分配标准有生产工时、生产工人工资和产品的机器工时等。计算公式如下：

制造费用分配率=制造费用总额÷分配标准之和

某产品应负担的制造费用=该种产品的分配标准×分配率

本笔业务中，制造费用分配率=105 000÷（180 000+120 000）=0.35

A 产品应负担的制造费用=180 000×0.35= 63 000（元）

B 产品应负担的制造费用=120 000×0.35= 42 000（元）

业务 35

（1）该笔业务应填制转账凭证。

（2）各种生产费用（直接材料费、直接人工费和制造费用）经过归集和分配后，应登记在按产品品种设置的生产成本明细分类账中，然后可根据各个明细分类账所归集的费用资料，计算每种产品的生产成本和单位生产成本。该项业务表明，完工入库产品的生产成本，应记入“库存商品”账户的借方和“生产成本”账户的贷方。

（3）在该业务中应注意“生产成本——A 产品”账户的期初余额。因为本月产品全部完工入库，在计算本月完工产品成本时，其完工产品成本应包括“生产成本”账户的期初余额和本期发生额两个部分。

A 产品生产总成本=496 000+170 000+180 000+45 000+63 000= 954 000（元）

B 产品生产总成本=93 000+120 000+30 000+42 000 =285 000（元）

业务 36

（1）该笔业务应填制转账凭证。

（2）产品销售成本是指已经售出产品的实际成本。需要注意的是，已销产品的实际成本与完工入库产品的成本是两个不同的概念。完工入库产品的成本是指一定时期内完工入库的产成品在其生产过程中发生的生产费用总和。

（3）计算产品销售成本可以在每次销售时逐笔结转，也可以在期末一次结转。为简化核算工作，企业一般在期末一次结转。计算公式如下：

产品销售成本=产品销售数量×产品的单位制造成本

该笔业务表明，由于销售产品使企业产成品减少，已销产品成本应从“库存商品”账户的贷方转入“主营业务成本”账户的借方。

A 产品单位生产成本= 954 000÷300= 3 180（元）

B 产品单位生产成本= 285 000÷250= 1 140（元）

A 产品销售成本= 218×3 180 = 693 240（元）

B 产品销售成本= 175×1 140 = 199 500（元）

业务 37

（1）该笔业务应填制转账凭证。

（2）在财产清查中，查明的各种财产盘盈、盘亏和毁损及其处理情况，应通过“待处理财产损溢”账户核算。本笔业务首先根据记账联计入“待处理财产损溢”账户，然后根据批复联进行账务处理，盘盈 3 000 元甲材料中 2 000 元属于自然升溢，1 000 元属计量误差造成，均冲减管理费用，记入“管理费用”账户的贷方，借记“待处理财产损溢”账户。盘亏 9 000 元乙材料中 1 800 元属于定额内自然损耗，1 200 元属计量误差造成，均借记“管理费用”账户，1 000 元属保管员王雷责任，借记“其他应收款——王雷”，5 000 元属暴风雨袭击，由保险公司赔偿 4 000 元，借记“其他应收款——保险公司”，余下 1 000 元借记“营业外支出”；贷记“待处理财产损溢”账户。

业务38

（1）该笔业务应填制转账凭证。

（2）企业提取的城市维护建设税和教育费附加，应记入“税金及附加”账户的借方，已提取尚未缴纳的城市维护建设税，应记入“应交税费——应交城市维护建设税”账户的贷方；已提取尚未缴纳的教育费附加，应记入“应交税费——应交教育费附加”账户的贷方。

（3）计算公式：

应交城市维护建设税=（应交增值税+交消费税）×适用税率

应交教育费附加=（应交增值税+应交消费税）×适用税率

其中，应交增值税=本期销项税额-本期进项税额

（4）本笔业务中未出现消费税。

本期应交增值税销项税=289 600+17 280+14 000+1 600=322 480（元）

本期应交增值税进项税= 75 200+77 600+24 800+4 824.64 =182 424.64（元）

应交增值税=322 480−182 424.64=140 055.36（元）

应交城建税=140 055.36×7%= 9 803.88（元）

应交教育费附加=140 055.36×3% =4 201.66（元）

业务39

（1）该笔业务应填制转账凭证。

（2）按规定，企业于期末应将损益类账户中贷方发生额的有关收入账户和投资收益账户的余额，转入“本年利润”账户，以便企业计算财务成果。结转时，各收入收益类账户记借方，“本年利润”账户记贷方，结转后各收入收益类账户无余额。

（3）在4个收入收益类账户中，“投资收益”账户较为特殊，因为该账户是用来核算企业对外投资取得的收入或发生的损失，期末若是投资净收益则为贷方余额，若是投资净损失则为借方余额，因此在转入“本年利润”账户时，应注意结转的方向。为投资净收益时，应借记“投资收益”账户，贷记“本年利润”账户（如本例）；为投资净损失时，应借记“本年利润”账户，贷记“投资收益”账户（与本例相反）。

（4）按规定，企业于期末在将收入账户和投资收益账户转入“本年利润”账户的同时，还应将损益类中借方发生额的费用支出类账户也转入“本年利润”账户，这样可计算出本年实际的利润总额（或亏损）。结转时，应借记“本年利润”账户，贷记“主营业务成本”“税金及附加”“其他业务成本”“销售费用”“管理费用”“财务费用”“营业外支出”账户。本笔业务中，本年利润的贷方数为2 358 060元，借方数为1 054 037.04元。

业务40

（1）该笔业务应填制两张转账凭证。

（2）企业对实现的利润，首先应按国家税法规定计算缴纳所得税，然后才能按规定的顺序分配。

（3）计算公式：

应纳所得税额=（利润总额+纳税调整项目）×适用税率

其中：利润总额=营业利润+营业外收入-营业外支出

营业利润=营业收入-营业成本-税金及附加-销售费用-管理费用-财务费用+投资收益（-投资损失）

（4）企业计算、结转应交所得税时，必须通过“所得税费用”账户和“应交税费”账户核算，应记入“所得税费用”账户的借方和“应交税费”账户的贷方。同时，将“所得税费用”账户的借方金额转入“本年利润”的借方。

（5）本笔业务中，无纳税调整项目。

应纳税所得额=本月利润总额= 2 358 060− 1 054 037.04=1 304 022.96（元）

本月应交所得税=1 304 022.96×25% =326 005.74（元）

业务 41

（1）该笔业务应填制转账凭证。

（2）年度终了，企业应将全年实现的净利润或全年发生的亏损转入“利润分配”账户，结转后“本年利润”账户无余额。若本年盈利，将全年实现的净利润转入“利润分配”账户，则借记“本年利润”账户，贷记“利润分配”账户；若全年亏损，结转时，则借记“利润分配”账户，贷记“本年利润”账户。本笔业务中，为盈利。

全年净利润=1 304 022.96−326 005.74=2 159 753.97（元）

业务 42

（1）该笔业务应填制转账凭证。

（2）企业税后利润应按下列顺序分配：弥补以前年度亏损；提取法定盈余公积金；提取任意公积金；向投资者分配利润。经过分配仍有余额，属于未分配利润，是企业留待以后年度进行分配的历年结存的利润。

（3）企业应通过“利润分配”账户，核算企业利润的分配（或亏损的弥补）和历年分配（或弥补）后的未分配利润（或未弥补亏损）。该账户应分别设“提取法定盈余公积”“提取任意盈余公积”“应付现金股利或利润”“盈余公积补亏”“未分配利润”等明细账户。

（4）该笔提取盈余公积金的业务应记入“利润分配”账户的借方和“盈余公积”账户的贷方。

提取法定盈余公积=2 159 753.97×10%= 215 975.4（元）

提取任意盈余公积=2 159 753.97×5%= 107 987.70（元）

业务 43

（1）该笔业务应填制转账凭证。

（2）“应付股利”账户是用来核算企业付给投资者的利润，企业因接受投资而应支付给投资者的利润，须通过“应付股利”账户和“利润分配——应付现金股利”账户核算，应借记“利润分配”账户，贷记“应付股利”账户。本笔业务同时参考业务 42 的实训指导。

业务 44

（1）该笔业务应填制转账凭证。

（2）年度终了，应将“利润分配”账户的其他明细科目转入“利润分配——未分配利润”明细账户。借记“利润分配——未分配利润”账户，贷记“利润分配——提取法定盈余公积”和“利润分配——应付现金股利或利润”账户。结转后，“利润分配——未分配利润”账户如果为贷方余额，表明累积未分配的利润数额；如果为借方数额，则表明累积未弥补的亏损数额。本笔业务同时参考业务 42 的实训指导。

三、空白凭证账表

1．记账凭证

（1）收款凭证 11 张。

收 款 凭 证

借方科目：________　　　年　　月　　日　　　　______字第______号

摘 要	贷 方		金 额										√
	总账科目	明细科目	千	百	十	万	千	百	十	元	角	分	√
合 计													

附单据　　张

会计主管：　　记账：　　出纳：　　复核：　　制单：

收 款 凭 证

借方科目：________　　　年　　月　　日　　　　______字第______号

摘 要	贷 方		金 额										√
	总账科目	明细科目	千	百	十	万	千	百	十	元	角	分	√
合 计													

附单据　　张

会计主管：　　记账：　　出纳：　　复核：　　制单：

收 款 凭 证

借方科目：__________　　　年　　月　　日　　　______字第______号

摘要	贷方		金额										√
	总账科目	明细科目	千	百	十	万	千	百	十	元	角	分	
合计													

附单据　张

会计主管：　　记账：　　出纳：　　复核：　　制单：

收 款 凭 证

借方科目：__________　　　年　　月　　日　　　______字第______号

摘要	贷方		金额										√
	总账科目	明细科目	千	百	十	万	千	百	十	元	角	分	
合计													

附单据　张

会计主管：　　记账：　　出纳：　　复核：　　制单：

收 款 凭 证

借方科目：__________　　　年　　月　　日　　　______字第______号

摘要	贷方		金额										√
	总账科目	明细科目	千	百	十	万	千	百	十	元	角	分	
合计													

附单据　张

会计主管：　　记账：　　出纳：　　复核：　　制单：

收 款 凭 证

借方科目：__________　　　　年　　月　　日　　　　______字第______号

摘　要	贷　方		金　额										√
	总账科目	明细科目	千	百	十	万	千	百	十	元	角	分	
合　计													

附单据　　张

会计主管：　　记账：　　出纳：　　复核：　　制单：

收 款 凭 证

借方科目：__________　　　　年　　月　　日　　　　______字第______号

摘　要	贷　方		金　额										√
	总账科目	明细科目	千	百	十	万	千	百	十	元	角	分	
合　计													

附单据　　张

会计主管：　　记账：　　出纳：　　复核：　　制单：

收 款 凭 证

借方科目：__________　　　　年　　月　　日　　　　______字第______号

摘　要	贷　方		金　额										√
	总账科目	明细科目	千	百	十	万	千	百	十	元	角	分	
合　计													

附单据　　张

会计主管：　　记账：　　出纳：　　复核：　　制单：

收款凭证

借方科目：__________　　　　年　　月　　日　　　　______字第______号

摘要	贷方		金额										√
	总账科目	明细科目	千	百	十	万	千	百	十	元	角	分	
合计													

附单据　张

会计主管：　　记账：　　出纳：　　复核：　　制单：

收款凭证

借方科目：__________　　　　年　　月　　日　　　　______字第______号

摘要	贷方		金额										√
	总账科目	明细科目	千	百	十	万	千	百	十	元	角	分	
合计													

附单据　张

会计主管：　　记账：　　出纳：　　复核：　　制单：

收款凭证

借方科目：__________　　　　年　　月　　日　　　　______字第______号

摘要	贷方		金额										√
	总账科目	明细科目	千	百	十	万	千	百	十	元	角	分	
合计													

附单据　张

会计主管：　　记账：　　出纳：　　复核：　　制单：

（2）付款凭证 20 张。

付 款 凭 证

贷方科目：________　　　　年　　月　　日　　　　______字第______号

摘　　要	借　　方		金　　额										√
	总账科目	明细科目	千	百	十	万	千	百	十	元	角	分	√
合　　计													

附单据　　张

会计主管：　　　　记账：　　　　出纳：　　　　复核：　　　　制单：

付 款 凭 证

贷方科目：________　　　　年　　月　　日　　　　______字第______号

摘　　要	借　　方		金　　额										√
	总账科目	明细科目	千	百	十	万	千	百	十	元	角	分	√
合　　计													

附单据　　张

会计主管：　　　　记账：　　　　出纳：　　　　复核：　　　　制单：

付 款 凭 证

贷方科目：________　　　　年　　月　　日　　　　______字第______号

摘　　要	借　　方		金　　额										√
	总账科目	明细科目	千	百	十	万	千	百	十	元	角	分	√
合　　计													

附单据　　张

会计主管：　　　　记账：　　　　出纳：　　　　复核：　　　　制单：

付 款 凭 证

贷方科目：＿＿＿＿＿　　年　　月　　日　　＿＿＿字第＿＿＿号

摘要	借方		金额										
	总账科目	明细科目	千	百	十	万	千	百	十	元	角	分	√
合计													

附单据　张

会计主管：　　记账：　　出纳：　　复核：　　制单：

付 款 凭 证

贷方科目：＿＿＿＿＿　　年　　月　　日　　＿＿＿字第＿＿＿号

摘要	借方		金额										
	总账科目	明细科目	千	百	十	万	千	百	十	元	角	分	√
合计													

附单据　张

会计主管：　　记账：　　出纳：　　复核：　　制单：

付 款 凭 证

贷方科目：＿＿＿＿＿　　年　　月　　日　　＿＿＿字第＿＿＿号

摘要	借方		金额										
	总账科目	明细科目	千	百	十	万	千	百	十	元	角	分	√
合计													

附单据　张

会计主管：　　记账：　　出纳：　　复核：　　制单：

付款凭证

贷方科目：__________ 年 月 日 ______字第______号

摘要	借方		金额										√
	总账科目	明细科目	千	百	十	万	千	百	十	元	角	分	√
合计													

附单据 张

会计主管： 记账： 出纳： 复核： 制单：

付款凭证

贷方科目：__________ 年 月 日 ______字第______号

摘要	借方		金额										√
	总账科目	明细科目	千	百	十	万	千	百	十	元	角	分	√
合计													

附单据 张

会计主管： 记账： 出纳： 复核： 制单：

付款凭证

贷方科目：__________ 年 月 日 ______字第______号

摘要	借方		金额										√
	总账科目	明细科目	千	百	十	万	千	百	十	元	角	分	√
合计													

附单据 张

会计主管： 记账： 出纳： 复核： 制单：

付款凭证

贷方科目：__________ 年 月 日 ______字第______号

摘要	借方		金额										√
	总账科目	明细科目	千	百	十	万	千	百	十	元	角	分	
	合计												

附单据 张

会计主管： 记账： 出纳： 复核： 制单：

付款凭证

贷方科目：__________ 年 月 日 ______字第______号

摘要	借方		金额										√
	总账科目	明细科目	千	百	十	万	千	百	十	元	角	分	
	合计												

附单据 张

会计主管： 记账： 出纳： 复核： 制单：

付款凭证

贷方科目：__________ 年 月 日 ______字第______号

摘要	借方		金额										√
	总账科目	明细科目	千	百	十	万	千	百	十	元	角	分	
	合计												

附单据 张

会计主管： 记账： 出纳： 复核： 制单：

付款凭证

贷方科目：＿＿＿＿＿　　　　年　　月　　日　　　　＿＿＿字第＿＿＿号

摘要	借方		金额										
	总账科目	明细科目	千	百	十	万	千	百	十	元	角	分	√
合计													

附单据　　张

会计主管：　　记账：　　出纳：　　复核：　　制单：

付款凭证

贷方科目：＿＿＿＿＿　　　　年　　月　　日　　　　＿＿＿字第＿＿＿号

摘要	借方		金额										
	总账科目	明细科目	千	百	十	万	千	百	十	元	角	分	√
合计													

附单据　　张

会计主管：　　记账：　　出纳：　　复核：　　制单：

付款凭证

贷方科目：＿＿＿＿＿　　　　年　　月　　日　　　　＿＿＿字第＿＿＿号

摘要	借方		金额										
	总账科目	明细科目	千	百	十	万	千	百	十	元	角	分	√
合计													

附单据　　张

会计主管：　　记账：　　出纳：　　复核：　　制单：

付 款 凭 证

贷方科目：________　　　年　　月　　日　　　______字第______号

摘　要	借　方		金　额										√
	总账科目	明细科目	千	百	十	万	千	百	十	元	角	分	√
合　计													

附单据　张

会计主管：　　记账：　　出纳：　　复核：　　制单：

付 款 凭 证

贷方科目：________　　　年　　月　　日　　　______字第______号

摘　要	借　方		金　额										√
	总账科目	明细科目	千	百	十	万	千	百	十	元	角	分	√
合　计													

附单据　张

会计主管：　　记账：　　出纳：　　复核：　　制单：

付 款 凭 证

贷方科目：________　　　年　　月　　日　　　______字第______号

摘　要	借　方		金　额										√
	总账科目	明细科目	千	百	十	万	千	百	十	元	角	分	√
合　计													

附单据　张

会计主管：　　记账：　　出纳：　　复核：　　制单：

付款凭证

贷方科目：________　　　　年　　月　　日　　　　______字第______号

摘　　要	借　　方		金　　额										√
	总账科目	明细科目	千	百	十	万	千	百	十	元	角	分	
合　　计													

附单据　　张

会计主管：　　　记账：　　　出纳：　　　复核：　　　制单：

付款凭证

贷方科目：________　　　　年　　月　　日　　　　______字第______号

摘　　要	借　　方		金　　额										√
	总账科目	明细科目	千	百	十	万	千	百	十	元	角	分	
合　　计													

附单据　　张

会计主管：　　　记账：　　　出纳：　　　复核：　　　制单：

（3）转账凭证 40 张。

转账凭证

年　　月　　日　　　　______字第______号

摘要	总账科目	明细科目	借方金额										贷方金额										√
			千	百	十	万	千	百	十	元	角	分	千	百	十	万	千	百	十	元	角	分	
合　　计																							

附单据　　张

会计主管：　　　复核：　　　记账：　　　制单：

转 账 凭 证

年　　月　　日　　　　　　____字第____号

摘要	总账科目	明细科目	借方金额										贷方金额										√
			千	百	十	万	千	百	十	元	角	分	千	百	十	万	千	百	十	元	角	分	
合　计																							

附单据　　张

会计主管：　　复核：　　记账：　　制单：

转 账 凭 证

年　　月　　日　　　　　　____字第____号

摘要	总账科目	明细科目	借方金额										贷方金额										√
			千	百	十	万	千	百	十	元	角	分	千	百	十	万	千	百	十	元	角	分	
合　计																							

附单据　　张

会计主管：　　复核：　　记账：　　制单：

转 账 凭 证

年　　月　　日　　　　　　____字第____号

摘要	总账科目	明细科目	借方金额										贷方金额										√
			千	百	十	万	千	百	十	元	角	分	千	百	十	万	千	百	十	元	角	分	
合　计																							

附单据　　张

会计主管：　　复核：　　记账：　　制单：

转账凭证

年　　月　　日　　　　　　＿＿字第＿＿号

摘要	总账科目	明细科目	借方金额										贷方金额										√
			千	百	十	万	千	百	十	元	角	分	千	百	十	万	千	百	十	元	角	分	
合　计																							

附单据　　张

会计主管：　　　　复核：　　　　记账：　　　　制单：

转账凭证

年　　月　　日　　　　　　＿＿字第＿＿号

摘要	总账科目	明细科目	借方金额										贷方金额										√
			千	百	十	万	千	百	十	元	角	分	千	百	十	万	千	百	十	元	角	分	
合　计																							

附单据　　张

会计主管：　　　　复核：　　　　记账：　　　　制单：

转账凭证

年　　月　　日　　　　　　＿＿字第＿＿号

摘要	总账科目	明细科目	借方金额										贷方金额										√
			千	百	十	万	千	百	十	元	角	分	千	百	十	万	千	百	十	元	角	分	
合　计																							

附单据　　张

会计主管：　　　　复核：　　　　记账：　　　　制单：

转 账 凭 证

年 月 日　　　　_____字第_____号

摘要	总账科目	明细科目	借方金额										贷方金额										√
			千	百	十	万	千	百	十	元	角	分	千	百	十	万	千	百	十	元	角	分	
合计																							

附单据　　张

会计主管：　　复核：　　记账：　　制单：

转 账 凭 证

年 月 日　　　　_____字第_____号

摘要	总账科目	明细科目	借方金额										贷方金额										√
			千	百	十	万	千	百	十	元	角	分	千	百	十	万	千	百	十	元	角	分	
合计																							

附单据　　张

会计主管：　　复核：　　记账：　　制单：

转 账 凭 证

年 月 日　　　　_____字第_____号

摘要	总账科目	明细科目	借方金额										贷方金额										√
			千	百	十	万	千	百	十	元	角	分	千	百	十	万	千	百	十	元	角	分	
合计																							

附单据　　张

会计主管：　　复核：　　记账：　　制单：

转 账 凭 证

年　　月　　日　　　　＿＿字第＿＿号

摘要	总账科目	明细科目	借方金额										贷方金额										√
			千	百	十	万	千	百	十	元	角	分	千	百	十	万	千	百	十	元	角	分	
合　计																							

附单据　　张

会计主管：　　复核：　　记账：　　制单：

转 账 凭 证

年　　月　　日　　　　＿＿字第＿＿号

摘要	总账科目	明细科目	借方金额										贷方金额										√
			千	百	十	万	千	百	十	元	角	分	千	百	十	万	千	百	十	元	角	分	
合　计																							

附单据　　张

会计主管：　　复核：　　记账：　　制单：

转 账 凭 证

年　　月　　日　　　　＿＿字第＿＿号

摘要	总账科目	明细科目	借方金额										贷方金额										√
			千	百	十	万	千	百	十	元	角	分	千	百	十	万	千	百	十	元	角	分	
合　计																							

附单据　　张

会计主管：　　复核：　　记账：　　制单：

转 账 凭 证

年　　月　　日　　　　______字第______号

摘要	总账科目	明细科目	借方金额										贷方金额										√
			千	百	十	万	千	百	十	元	角	分	千	百	十	万	千	百	十	元	角	分	
合　计																							

附单据　　张

会计主管：　　　复核：　　　记账：　　　制单：

转 账 凭 证

年　　月　　日　　　　______字第______号

摘要	总账科目	明细科目	借方金额										贷方金额										√
			千	百	十	万	千	百	十	元	角	分	千	百	十	万	千	百	十	元	角	分	
合　计																							

附单据　　张

会计主管：　　　复核：　　　记账：　　　制单：

转 账 凭 证

年　　月　　日　　　　______字第______号

摘要	总账科目	明细科目	借方金额										贷方金额										√
			千	百	十	万	千	百	十	元	角	分	千	百	十	万	千	百	十	元	角	分	
合　计																							

附单据　　张

会计主管：　　　复核：　　　记账：　　　制单：

转 账 凭 证

年　　月　　日　　　　＿＿字第＿＿号

摘要	总账科目	明细科目	借方金额										贷方金额										√
			千	百	十	万	千	百	十	元	角	分	千	百	十	万	千	百	十	元	角	分	
合　计																							

附单据　　张

会计主管：　　复核：　　记账：　　制单：

转 账 凭 证

年　　月　　日　　　　＿＿字第＿＿号

摘要	总账科目	明细科目	借方金额										贷方金额										√
			千	百	十	万	千	百	十	元	角	分	千	百	十	万	千	百	十	元	角	分	
合　计																							

附单据　　张

会计主管：　　复核：　　记账：　　制单：

转 账 凭 证

年　　月　　日　　　　＿＿字第＿＿号

摘要	总账科目	明细科目	借方金额										贷方金额										√
			千	百	十	万	千	百	十	元	角	分	千	百	十	万	千	百	十	元	角	分	
合　计																							

附单据　　张

会计主管：　　复核：　　记账：　　制单：

转 账 凭 证

年　　月　　日　　　　______字第______号

摘要	总账科目	明细科目	借方金额										贷方金额										√
			千	百	十	万	千	百	十	元	角	分	千	百	十	万	千	百	十	元	角	分	
合计																							

附单据　　张

会计主管：　　　　复核：　　　　记账：　　　　制单：

转 账 凭 证

年　　月　　日　　　　______字第______号

摘要	总账科目	明细科目	借方金额										贷方金额										√
			千	百	十	万	千	百	十	元	角	分	千	百	十	万	千	百	十	元	角	分	
合计																							

附单据　　张

会计主管：　　　　复核：　　　　记账：　　　　制单：

转 账 凭 证

年　　月　　日　　　　______字第______号

摘要	总账科目	明细科目	借方金额										贷方金额										√
			千	百	十	万	千	百	十	元	角	分	千	百	十	万	千	百	十	元	角	分	
合计																							

附单据　　张

会计主管：　　　　复核：　　　　记账：　　　　制单：

转 账 凭 证

年　　月　　日　　　　______字第______号

摘要	总账科目	明细科目	借方金额										贷方金额										√
			千	百	十	万	千	百	十	元	角	分	千	百	十	万	千	百	十	元	角	分	
合　计																							

附单据　　张

会计主管：　　　　复核：　　　　记账：　　　　制单：

转 账 凭 证

年　　月　　日　　　　______字第______号

摘要	总账科目	明细科目	借方金额										贷方金额										√
			千	百	十	万	千	百	十	元	角	分	千	百	十	万	千	百	十	元	角	分	
合　计																							

附单据　　张

会计主管：　　　　复核：　　　　记账：　　　　制单：

转 账 凭 证

年　　月　　日　　　　______字第______号

摘要	总账科目	明细科目	借方金额										贷方金额										√
			千	百	十	万	千	百	十	元	角	分	千	百	十	万	千	百	十	元	角	分	
合　计																							

附单据　　张

会计主管：　　　　复核：　　　　记账：　　　　制单：

转账凭证

年　　月　　日　　　　　　____字第____号

摘要	总账科目	明细科目	借方金额										贷方金额										√
			千	百	十	万	千	百	十	元	角	分	千	百	十	万	千	百	十	元	角	分	
合计																							

附单据　　张

会计主管：　　　　复核：　　　　记账：　　　　制单：

转账凭证

年　　月　　日　　　　　　____字第____号

摘要	总账科目	明细科目	借方金额										贷方金额										√
			千	百	十	万	千	百	十	元	角	分	千	百	十	万	千	百	十	元	角	分	
合计																							

附单据　　张

会计主管：　　　　复核：　　　　记账：　　　　制单：

转账凭证

年　　月　　日　　　　　　____字第____号

摘要	总账科目	明细科目	借方金额										贷方金额										√
			千	百	十	万	千	百	十	元	角	分	千	百	十	万	千	百	十	元	角	分	
合计																							

附单据　　张

会计主管：　　　　复核：　　　　记账：　　　　制单：

转 账 凭 证

年　　月　　日　　　　____字第____号

摘要	总账科目	明细科目	借方金额										贷方金额										√
			千	百	十	万	千	百	十	元	角	分	千	百	十	万	千	百	十	元	角	分	
合　计																							

附单据　　张

会计主管：　　　复核：　　　记账：　　　制单：

转 账 凭 证

年　　月　　日　　　　____字第____号

摘要	总账科目	明细科目	借方金额										贷方金额										√
			千	百	十	万	千	百	十	元	角	分	千	百	十	万	千	百	十	元	角	分	
合　计																							

附单据　　张

会计主管：　　　复核：　　　记账：　　　制单：

转 账 凭 证

年　　月　　日　　　　____字第____号

摘要	总账科目	明细科目	借方金额										贷方金额										√
			千	百	十	万	千	百	十	元	角	分	千	百	十	万	千	百	十	元	角	分	
合　计																							

附单据　　张

会计主管：　　　复核：　　　记账：　　　制单：

转 账 凭 证

年　　月　　日　　　　　　　　＿＿字第＿＿号

摘要	总账科目	明细科目	借方金额										贷方金额										√
			千	百	十	万	千	百	十	元	角	分	千	百	十	万	千	百	十	元	角	分	
合　计																							

附单据　　张

会计主管：　　　　复核：　　　　记账：　　　　制单：

转 账 凭 证

年　　月　　日　　　　　　　　＿＿字第＿＿号

摘要	总账科目	明细科目	借方金额										贷方金额										√
			千	百	十	万	千	百	十	元	角	分	千	百	十	万	千	百	十	元	角	分	
合　计																							

附单据　　张

会计主管：　　　　复核：　　　　记账：　　　　制单：

转 账 凭 证

年　　月　　日　　　　　　　　＿＿字第＿＿号

摘要	总账科目	明细科目	借方金额										贷方金额										√
			千	百	十	万	千	百	十	元	角	分	千	百	十	万	千	百	十	元	角	分	
合　计																							

附单据　　张

会计主管：　　　　复核：　　　　记账：　　　　制单：

转 账 凭 证

年 月 日　　　　_____字第_____号

摘要	总账科目	明细科目	借方金额										贷方金额										√
			千	百	十	万	千	百	十	元	角	分	千	百	十	万	千	百	十	元	角	分	
合 计																							

附单据　张

会计主管：　　　复核：　　　记账：　　　制单：

转 账 凭 证

年 月 日　　　　_____字第_____号

摘要	总账科目	明细科目	借方金额										贷方金额										√
			千	百	十	万	千	百	十	元	角	分	千	百	十	万	千	百	十	元	角	分	
合 计																							

附单据　张

会计主管：　　　复核：　　　记账：　　　制单：

转 账 凭 证

年 月 日　　　　_____字第_____号

摘要	总账科目	明细科目	借方金额										贷方金额										√
			千	百	十	万	千	百	十	元	角	分	千	百	十	万	千	百	十	元	角	分	
合 计																							

附单据　张

会计主管：　　　复核：　　　记账：　　　制单：

转 账 凭 证

年 月 日 ____字第____号

摘要	总账科目	明细科目	借方金额										贷方金额										√
			千	百	十	万	千	百	十	元	角	分	千	百	十	万	千	百	十	元	角	分	
合 计																							

附单据 张

会计主管： 复核： 记账： 制单：

转 账 凭 证

年 月 日 ____字第____号

摘要	总账科目	明细科目	借方金额										贷方金额										√
			千	百	十	万	千	百	十	元	角	分	千	百	十	万	千	百	十	元	角	分	
合 计																							

附单据 张

会计主管： 复核： 记账： 制单：

转 账 凭 证

年 月 日 ____字第____号

摘要	总账科目	明细科目	借方金额										贷方金额										√
			千	百	十	万	千	百	十	元	角	分	千	百	十	万	千	百	十	元	角	分	
合 计																							

附单据 张

会计主管： 复核： 记账： 制单：

2. 会计账簿

（1）现金日记账：账页 1 张，格式如下。

现金日记账

年		凭证号数	对方科目	摘　　要	借　　方										贷　　方										余　　额									
月	日				千	百	十	万	千	百	十	元	角	分	千	百	十	万	千	百	十	元	角	分	千	百	十	万	千	百	十	元	角	分

（2）银行存款日记账：账页 2 张，格式如下。

银行存款日记账

年		凭证号数	对方科目	摘　　要	√	借　　方										贷　　方										余　　额									
月	日					千	百	十	万	千	百	十	元	角	分	千	百	十	万	千	百	十	元	角	分	千	百	十	万	千	百	十	元	角	分

银行存款日记账

年		凭证号数	对方科目	摘要	√	借方										贷方										余额									
月	日					千	百	十	万	千	百	十	元	角	分	千	百	十	万	千	百	十	元	角	分	千	百	十	万	千	百	十	元	角	分

（3）总账：账页 47 张，格式如下。

总　　账

科目编号＿＿＿＿＿＿＿＿　　　　第＿＿＿页

科目名称＿＿＿＿＿＿＿＿

年		凭证		对方科目	摘要	借方												贷方												借或贷	余额											
月	日	种类	号数			十	亿	千	百	十	万	千	百	十	元	角	分	十	亿	千	百	十	万	千	百	十	元	角	分		十	亿	千	百	十	万	千	百	十	元	角	分

总　　账

科目编号……………………　　　　　　　　　　　　第……页

科目名称……………………

年		凭证		对方科目	摘要	借方												贷方												借或贷	余额											
月	日	种类	号数			十	亿	千	百	十	万	千	百	十	元	角	分	十	亿	千	百	十	万	千	百	十	元	角	分		十	亿	千	百	十	万	千	百	十	元	角	分

总　　账

科目编号……………………　　　　　　　　　　　　第……页

科目名称……………………

年		凭证		对方科目	摘要	借方												贷方												借或贷	余额											
月	日	种类	号数			十	亿	千	百	十	万	千	百	十	元	角	分	十	亿	千	百	十	万	千	百	十	元	角	分		十	亿	千	百	十	万	千	百	十	元	角	分

总　　账

科目编号……………… 第……页

科目名称………………

年		凭证		对方科目	摘要	借方												贷方												借或贷	余额											
月	日	种类	号数			十	亿	千	百	十	万	千	百	十	元	角	分	十	亿	千	百	十	万	千	百	十	元	角	分		十	亿	千	百	十	万	千	百	十	元	角	分

总　　账

科目编号……………… 第……页

科目名称………………

年		凭证		对方科目	摘要	借方												贷方												借或贷	余额											
月	日	种类	号数			十	亿	千	百	十	万	千	百	十	元	角	分	十	亿	千	百	十	万	千	百	十	元	角	分		十	亿	千	百	十	万	千	百	十	元	角	分

科目编号..............................

科目名称..............................

总　　账

第..........页

年		凭证		对方科目	摘要	借方												贷方												借或贷	余额											
月	日	种类	号数			十	亿	千	百	十	万	千	百	十	元	角	分	十	亿	千	百	十	万	千	百	十	元	角	分		十	亿	千	百	十	万	千	百	十	元	角	分

科目编号..............................

科目名称..............................

总　　账

第..........页

年		凭证		对方科目	摘要	借方												贷方												借或贷	余额											
月	日	种类	号数			十	亿	千	百	十	万	千	百	十	元	角	分	十	亿	千	百	十	万	千	百	十	元	角	分		十	亿	千	百	十	万	千	百	十	元	角	分

总　　账

科目编号__________　　　　　　　　第______页

科目名称__________

年		凭证		对方科目	摘要	借方												贷方												借或贷	余额											
月	日	种类	号数			十	亿	千	百	十	万	千	百	十	元	角	分	十	亿	千	百	十	万	千	百	十	元	角	分		十	亿	千	百	十	万	千	百	十	元	角	分

总　　账

科目编号__________　　　　　　　　第______页

科目名称__________

年		凭证		对方科目	摘要	借方												贷方												借或贷	余额											
月	日	种类	号数			十	亿	千	百	十	万	千	百	十	元	角	分	十	亿	千	百	十	万	千	百	十	元	角	分		十	亿	千	百	十	万	千	百	十	元	角	分

科目编号 ………………　　　　第 ……… 页

总　　账

科目名称 ………………

年		凭证		对方科目	摘要	借方												贷方												借或贷	余额											
月	日	种类	号数			十	亿	千	百	十	万	千	百	十	元	角	分	十	亿	千	百	十	万	千	百	十	元	角	分		十	亿	千	百	十	万	千	百	十	元	角	分

科目编号 ………………　　　　第 ……… 页

总　　账

科目名称 ………………

年		凭证		对方科目	摘要	借方												贷方												借或贷	余额											
月	日	种类	号数			十	亿	千	百	十	万	千	百	十	元	角	分	十	亿	千	百	十	万	千	百	十	元	角	分		十	亿	千	百	十	万	千	百	十	元	角	分

总　账

科目编号..........　　　　第......页

科目名称..........

年		凭证		对方科目	摘要	借方												贷方												借或贷	余额											
月	日	种类	号数			十	亿	千	百	十	万	千	百	十	元	角	分	十	亿	千	百	十	万	千	百	十	元	角	分		十	亿	千	百	十	万	千	百	十	元	角	分

总　账

科目编号..........　　　　第......页

科目名称..........

年		凭证		对方科目	摘要	借方												贷方												借或贷	余额											
月	日	种类	号数			十	亿	千	百	十	万	千	百	十	元	角	分	十	亿	千	百	十	万	千	百	十	元	角	分		十	亿	千	百	十	万	千	百	十	元	角	分

总　　账

科目编号__________　　　　第______页

科目名称__________

年		凭证		对方科目	摘要	借方												贷方												借或贷	余额											
月	日	种类	号数			十	亿	千	百	十	万	千	百	十	元	角	分	十	亿	千	百	十	万	千	百	十	元	角	分		十	亿	千	百	十	万	千	百	十	元	角	分

总　　账

科目编号__________　　　　第______页

科目名称__________

年		凭证		对方科目	摘要	借方												贷方												借或贷	余额											
月	日	种类	号数			十	亿	千	百	十	万	千	百	十	元	角	分	十	亿	千	百	十	万	千	百	十	元	角	分		十	亿	千	百	十	万	千	百	十	元	角	分

科目编号..........................   **总　　账**   第......页

科目名称..........................

年		凭证		对方科目	摘要	借方												贷方												借或贷	余额											
月	日	种类	号数			十	亿	千	百	十	万	千	百	十	元	角	分	十	亿	千	百	十	万	千	百	十	元	角	分		十	亿	千	百	十	万	千	百	十	元	角	分

科目编号..........................   **总　　账**   第......页

科目名称..........................

年		凭证		对方科目	摘要	借方												贷方												借或贷	余额											
月	日	种类	号数			十	亿	千	百	十	万	千	百	十	元	角	分	十	亿	千	百	十	万	千	百	十	元	角	分		十	亿	千	百	十	万	千	百	十	元	角	分

总　　账

科目编号……………………　　　　第……页

科目名称……………………

年		凭证		对方科目	摘要	借方												贷方												借或贷	余额											
月	日	种类	号数			十	亿	千	百	十	万	千	百	十	元	角	分	十	亿	千	百	十	万	千	百	十	元	角	分		十	亿	千	百	十	万	千	百	十	元	角	分

总　　账

科目编号……………………　　　　第……页

科目名称……………………

年		凭证		对方科目	摘要	借方												贷方												借或贷	余额											
月	日	种类	号数			十	亿	千	百	十	万	千	百	十	元	角	分	十	亿	千	百	十	万	千	百	十	元	角	分		十	亿	千	百	十	万	千	百	十	元	角	分

总　　账

科目编号……………………　　　　第……页

科目名称……………………

年		凭证		对方科目	摘要	借方												贷方												借或贷	余额											
月	日	种类	号数			十	亿	千	百	十	万	千	百	十	元	角	分	十	亿	千	百	十	万	千	百	十	元	角	分		十	亿	千	百	十	万	千	百	十	元	角	分

总　　账

科目编号……………………　　　　第……页

科目名称……………………

年		凭证		对方科目	摘要	借方												贷方												借或贷	余额											
月	日	种类	号数			十	亿	千	百	十	万	千	百	十	元	角	分	十	亿	千	百	十	万	千	百	十	元	角	分		十	亿	千	百	十	万	千	百	十	元	角	分

科目编号..............................

总　　账

第..........页

科目名称..............................

年		凭证		对方科目	摘要	借方												贷方												借或贷	余额											
月	日	种类	号数			十	亿	千	百	十	万	千	百	十	元	角	分	十	亿	千	百	十	万	千	百	十	元	角	分		十	亿	千	百	十	万	千	百	十	元	角	分

科目编号..............................

总　　账

第..........页

科目名称..............................

年		凭证		对方科目	摘要	借方												贷方												借或贷	余额											
月	日	种类	号数			十	亿	千	百	十	万	千	百	十	元	角	分	十	亿	千	百	十	万	千	百	十	元	角	分		十	亿	千	百	十	万	千	百	十	元	角	分

科目编号..............................　　　　**总　　账**　　　　第........页

科目名称..............................

年		凭证		对方科目	摘　要	借　方												贷　方												借或贷	余　额											
月	日	种类	号数			十	亿	千	百	十	万	千	百	十	元	角	分	十	亿	千	百	十	万	千	百	十	元	角	分		十	亿	千	百	十	万	千	百	十	元	角	分

科目编号..............................　　　　**总　　账**　　　　第........页

科目名称..............................

年		凭证		对方科目	摘　要	借　方												贷　方												借或贷	余　额											
月	日	种类	号数			十	亿	千	百	十	万	千	百	十	元	角	分	十	亿	千	百	十	万	千	百	十	元	角	分		十	亿	千	百	十	万	千	百	十	元	角	分

科目编号……………

总　　账

第……页

科目名称……………

年		凭证		对方科目	摘要	借方												贷方												借或贷	余额											
月	日	种类	号数			十	亿	千	百	十	万	千	百	十	元	角	分	十	亿	千	百	十	万	千	百	十	元	角	分		十	亿	千	百	十	万	千	百	十	元	角	分

科目编号……………

总　　账

第……页

科目名称……………

年		凭证		对方科目	摘要	借方												贷方												借或贷	余额											
月	日	种类	号数			十	亿	千	百	十	万	千	百	十	元	角	分	十	亿	千	百	十	万	千	百	十	元	角	分		十	亿	千	百	十	万	千	百	十	元	角	分

总　　账

科目编号…………　　　　　　　　第……页

科目名称…………

年		凭证		对方科目	摘　要	借　方												贷　方												借或贷	余　额											
月	日	种类	号数			十	亿	千	百	十	万	千	百	十	元	角	分	十	亿	千	百	十	万	千	百	十	元	角	分		十	亿	千	百	十	万	千	百	十	元	角	分

总　　账

科目编号…………　　　　　　　　第……页

科目名称…………

年		凭证		对方科目	摘　要	借　方												贷　方												借或贷	余　额											
月	日	种类	号数			十	亿	千	百	十	万	千	百	十	元	角	分	十	亿	千	百	十	万	千	百	十	元	角	分		十	亿	千	百	十	万	千	百	十	元	角	分

科目编号..............................

总　　账

第..........页

科目名称..............................

年		凭证		对方科目	摘要	借方												贷方												借或贷	余额											
月	日	种类	号数			十	亿	千	百	十	万	千	百	十	元	角	分	十	亿	千	百	十	万	千	百	十	元	角	分		十	亿	千	百	十	万	千	百	十	元	角	分

科目编号..............................

总　　账

第..........页

科目名称..............................

年		凭证		对方科目	摘要	借方												贷方												借或贷	余额											
月	日	种类	号数			十	亿	千	百	十	万	千	百	十	元	角	分	十	亿	千	百	十	万	千	百	十	元	角	分		十	亿	千	百	十	万	千	百	十	元	角	分

总　　账

科目编号…………………… 第……页

科目名称……………………

年		凭证		对方科目	摘要	借方												贷方												借或贷	余额											
月	日	种类	号数			十	亿	千	百	十	万	千	百	十	元	角	分	十	亿	千	百	十	万	千	百	十	元	角	分		十	亿	千	百	十	万	千	百	十	元	角	分

总　　账

科目编号…………………… 第……页

科目名称……………………

年		凭证		对方科目	摘要	借方												贷方												借或贷	余额											
月	日	种类	号数			十	亿	千	百	十	万	千	百	十	元	角	分	十	亿	千	百	十	万	千	百	十	元	角	分		十	亿	千	百	十	万	千	百	十	元	角	分

科目编号..............................

总　　账

第..........页

科目名称..............................

年		凭证		对方科目	摘要	借方												贷方												借或贷	余额											
月	日	种类	号数			十	亿	千	百	十	万	千	百	十	元	角	分	十	亿	千	百	十	万	千	百	十	元	角	分		十	亿	千	百	十	万	千	百	十	元	角	分

科目编号..............................

总　　账

第..........页

科目名称..............................

年		凭证		对方科目	摘要	借方												贷方												借或贷	余额											
月	日	种类	号数			十	亿	千	百	十	万	千	百	十	元	角	分	十	亿	千	百	十	万	千	百	十	元	角	分		十	亿	千	百	十	万	千	百	十	元	角	分

总　　账

科目编号＿＿＿＿＿＿　　　　　　　　第＿＿＿页

科目名称＿＿＿＿＿＿

年		凭证		对方科目	摘要	借方												贷方												借或贷	余额											
月	日	种类	号数			十	亿	千	百	十	万	千	百	十	元	角	分	十	亿	千	百	十	万	千	百	十	元	角	分		十	亿	千	百	十	万	千	百	十	元	角	分

总　　账

科目编号＿＿＿＿＿＿　　　　　　　　第＿＿＿页

科目名称＿＿＿＿＿＿

年		凭证		对方科目	摘要	借方												贷方												借或贷	余额											
月	日	种类	号数			十	亿	千	百	十	万	千	百	十	元	角	分	十	亿	千	百	十	万	千	百	十	元	角	分		十	亿	千	百	十	万	千	百	十	元	角	分

科目编号…………

科目名称…………

总　　账

第……页

年		凭证		对方科目	摘要	借方												贷方												借或贷	余额											
月	日	种类	号数			十	亿	千	百	十	万	千	百	十	元	角	分	十	亿	千	百	十	万	千	百	十	元	角	分		十	亿	千	百	十	万	千	百	十	元	角	分

科目编号…………

科目名称…………

总　　账

第……页

年		凭证		对方科目	摘要	借方												贷方												借或贷	余额											
月	日	种类	号数			十	亿	千	百	十	万	千	百	十	元	角	分	十	亿	千	百	十	万	千	百	十	元	角	分		十	亿	千	百	十	万	千	百	十	元	角	分

科目编号 ....　　　　**总　　　账**　　　　第 .... 页

科目名称 ....

年		凭证		对方科目	摘要	借方												贷方												借或贷	余额											
月	日	种类	号数			十	亿	千	百	十	万	千	百	十	元	角	分	十	亿	千	百	十	万	千	百	十	元	角	分		十	亿	千	百	十	万	千	百	十	元	角	分

科目编号 ....　　　　**总　　　账**　　　　第 .... 页

科目名称 ....

年		凭证		对方科目	摘要	借方												贷方												借或贷	余额											
月	日	种类	号数			十	亿	千	百	十	万	千	百	十	元	角	分	十	亿	千	百	十	万	千	百	十	元	角	分		十	亿	千	百	十	万	千	百	十	元	角	分

科目编号……………………

科目名称……………………

总　　账

第……页

年		凭证		对方科目	摘要	借方												贷方												借或贷	余额											
月	日	种类	号数			十	亿	千	百	十	万	千	百	十	元	角	分	十	亿	千	百	十	万	千	百	十	元	角	分		十	亿	千	百	十	万	千	百	十	元	角	分

科目编号……………………

科目名称……………………

总　　账

第……页

年		凭证		对方科目	摘要	借方												贷方												借或贷	余额											
月	日	种类	号数			十	亿	千	百	十	万	千	百	十	元	角	分	十	亿	千	百	十	万	千	百	十	元	角	分		十	亿	千	百	十	万	千	百	十	元	角	分

科目编号

总　账

第　　页

科目名称

年		凭证		对方科目	摘要	借方												贷方												借或贷	余额											
月	日	种类	号数			十	亿	千	百	十	万	千	百	十	元	角	分	十	亿	千	百	十	万	千	百	十	元	角	分		十	亿	千	百	十	万	千	百	十	元	角	分

科目编号

总　账

第　　页

科目名称

年		凭证		对方科目	摘要	借方												贷方												借或贷	余额											
月	日	种类	号数			十	亿	千	百	十	万	千	百	十	元	角	分	十	亿	千	百	十	万	千	百	十	元	角	分		十	亿	千	百	十	万	千	百	十	元	角	分

总账

科目编号…………………… 第………页

科目名称……………………

年		凭证		对方科目	摘要	借方												贷方												借或贷	余额											
月	日	种类	号数			十	亿	千	百	十	万	千	百	十	元	角	分	十	亿	千	百	十	万	千	百	十	元	角	分		十	亿	千	百	十	万	千	百	十	元	角	分

总账

科目编号…………………… 第………页

科目名称……………………

年		凭证		对方科目	摘要	借方												贷方												借或贷	余额											
月	日	种类	号数			十	亿	千	百	十	万	千	百	十	元	角	分	十	亿	千	百	十	万	千	百	十	元	角	分		十	亿	千	百	十	万	千	百	十	元	角	分

（4）原材料明细账：账页 4 张，格式如下。

原材料明细账

最高存量________　　　　总页第____页　分页第____页

最低存量______ 储存地点______ 计量单位______ 规格______ 类别______ 货号______ 货名______

年		凭证		摘要	收入												发出												结存											
					数量	单价	金额										数量	单价	金额										数量	单价	金额									
月	日	种类	号数				千	百	十	万	千	百	十	元	角	分			千	百	十	万	千	百	十	元	角	分			千	百	十	万	千	百	十	元	角	分

原材料明细账

最高存量________　　　　总页第____页　分页第____页

最低存量______ 储存地点______ 计量单位______ 规格______ 类别______ 货号______ 货名______

年		凭证		摘要	收入												发出												结存											
					数量	单价	金额										数量	单价	金额										数量	单价	金额									
月	日	种类	号数				千	百	十	万	千	百	十	元	角	分			千	百	十	万	千	百	十	元	角	分			千	百	十	万	千	百	十	元	角	分

最高存量

原材料明细账

总页第　　页　分页第　　页

最低存量　　储存地点　　计量单位　　规格　　类别　　货号　　货名

年		凭证		摘要	收入												发出												结存											
					数量	单价	金额										数量	单价	金额										数量	单价	金额									
月	日	种类	号数				千	百	十	万	千	百	十	元	角	分			千	百	十	万	千	百	十	元	角	分			千	百	十	万	千	百	十	元	角	分

最高存量

原材料明细账

总页第　　页　分页第　　页

最低存量　　储存地点　　计量单位　　规格　　类别　　货号　　货名

年		凭证		摘要	收入												发出												结存											
					数量	单价	金额										数量	单价	金额										数量	单价	金额									
月	日	种类	号数				千	百	十	万	千	百	十	元	角	分			千	百	十	万	千	百	十	元	角	分			千	百	十	万	千	百	十	元	角	分

（5）应收账款明细账：账页 2 张，格式如下。

总第＿＿＿＿页　分第＿＿＿＿页

应收账款

＿＿级科目编号及名称＿＿＿＿＿＿

＿＿级科目编号及名称＿＿＿＿＿＿

年		凭证		摘要	对方科目	借方												贷方												借或贷	余额											
月	日	种类	号数			十	亿	千	百	十	万	千	百	十	元	角	分	十	亿	千	百	十	万	千	百	十	元	角	分		十	亿	千	百	十	万	千	百	十	元	角	分

总第＿＿＿＿页　分第＿＿＿＿页

应收账款

＿＿级科目编号及名称＿＿＿＿＿＿

＿＿级科目编号及名称＿＿＿＿＿＿

年		凭证		摘要	对方科目	借方												贷方												借或贷	余额											
月	日	种类	号数			十	亿	千	百	十	万	千	百	十	元	角	分	十	亿	千	百	十	万	千	百	十	元	角	分		十	亿	千	百	十	万	千	百	十	元	角	分

（6）应付账款明细账：账页3张，格式如下。

总第______页　分第______页

应付账款

______级科目编号及名称______

______级科目编号及名称______

年		凭证		摘要	对方科目	借方												贷方												借或贷	余额											
月	日	种类	号数			十	亿	千	百	十	万	千	百	十	元	角	分	十	亿	千	百	十	万	千	百	十	元	角	分		十	亿	千	百	十	万	千	百	十	元	角	分

总第______页　分第______页

应付账款

______级科目编号及名称______

______级科目编号及名称______

年		凭证		摘要	对方科目	借方												贷方												借或贷	余额											
月	日	种类	号数			十	亿	千	百	十	万	千	百	十	元	角	分	十	亿	千	百	十	万	千	百	十	元	角	分		十	亿	千	百	十	万	千	百	十	元	角	分

总第______页 分第______页

应付账款

______级科目编号及名称______

______级科目编号及名称______

年		凭证		摘要	对方科目	借方												贷方												借或贷	余额											
月	日	种类	号数			十	亿	千	百	十	万	千	百	十	元	角	分	十	亿	千	百	十	万	千	百	十	元	角	分		十	亿	千	百	十	万	千	百	十	元	角	分

（7）生产成本明细账：账页 2 张，格式如下。

投产日期______计划工时______ 科目名称______页次______总页______

完工日期______实际工时______

生产成本明细账

生产批号______

完成产量______ 数量______ 产品规格______ 产品名称______

年		凭证号数	摘要	借方发生额								成本项目																																							
												直接材料								直接人工								制造费用																							
月	日			十	万	千	百	十	元	角	分	十	万	千	百	十	元	角	分	十	万	千	百	十	元	角	分	十	万	千	百	十	元	角	分	十	万	千	百	十	元	角	分	十	万	千	百	十	元	角	分

投产日期________ 计划工时________ 科目名称________________ 页次______ 总页______

完工日期________ 实际工时________ 生产批号________________

生产成本明细账

完成产量________ 数量________ 产品规格________________ 产品名称________________

年		凭证号数	摘要	借方发生额								成本项目																																							
												直接材料								直接人工								制造费用																							
月	日			十	万	千	百	十	元	角	分	十	万	千	百	十	元	角	分	十	万	千	百	十	元	角	分	十	万	千	百	十	元	角	分	十	万	千	百	十	元	角	分	十	万	千	百	十	元	角	分

（8）库存商品明细账：账页 2 张，格式如下。

最高存量________ 总页第____页 分页第____页

库存商品明细账

最低存量________ 储存地点________ 计量单位________ 规格________ 类别________ 货号________ 货名________

年		凭证		摘要	收入												发出												结存											
					数量	单价	金额										数量	单价	金额										数量	单价	金额									
月	日	种类	号数				千	百	十	万	千	百	十	元	角	分			千	百	十	万	千	百	十	元	角	分			千	百	十	万	千	百	十	元	角	分

最高存量…………　　　　　　**库存商品明细账**　　　　　　总页第……页　分页第……页

最低存量…………　储存地点…………　计量单位…………　规格…………　类别…………　货号…………　货名…………

年		凭证		摘要	收入												发出												结存											
					数量	单价	金额										数量	单价	金额										数量	单价	金额									
月	日	种类	号数				千	百	十	万	千	百	十	元	角	分			千	百	十	万	千	百	十	元	角	分			千	百	十	万	千	百	十	元	角	分

（9）制造费用明细账：账页 1 张，格式如下。

制造费用明细账

年		凭证号数	摘要	费用项目																																															
月	日			十	万	千	百	十	元	角	分	十	万	千	百	十	元	角	分	十	万	千	百	十	元	角	分	十	万	千	百	十	元	角	分	十	万	千	百	十	元	角	分	十	万	千	百	十	元	角	分

（10）管理费用明细账：账页 1 张，格式如下。

管理费用明细账

年		凭证号数	摘要	费用项目																																															
月	日			十	万	千	百	十	元	角	分	十	万	千	百	十	元	角	分	十	万	千	百	十	元	角	分	十	万	千	百	十	元	角	分	十	万	千	百	十	元	角	分	十	万	千	百	十	元	角	分

（11）应交税费明细账：账页 1 张，格式如下。

应交税费——应交增值税明细账

年		凭证号数	摘要	税费项目																																															
				进项税额								已交税金								销项税额								出口退税								进项税额转出															
月	日			十	万	千	百	十	元	角	分	十	万	千	百	十	元	角	分	十	万	千	百	十	元	角	分	十	万	千	百	十	元	角	分	十	万	千	百	十	元	角	分	十	万	千	百	十	元	角	分

3. 会计报表

（1）发生额试算平衡表。

账户发生额试算平衡表

2018 年 12 月 1—31 日

会计科目	借方发生额	贷方发生额	总账页码	记账凭证起讫号数
库存现金			略	
银行存款				
应收账款				
其他应收款				
在途物资				
原材料				
生产成本				
制造费用				
库存商品				
固定资产				
累计折旧				
无形资产				
累计摊销				
待处理财产损溢				
短期借款				
应付账款				
应付职工薪酬				
应交税费				
应付利息				
应付股利				
实收资本				
盈余公积				
本年利润				
利润分配				
主营业务收入				
其他业务收入				
投资收益				
营业外收入				
主营业务成本				
其他业务成本				
税金及附加				
销售费用				
管理费用				
财务费用				
营业外支出				
所得税费用				
合　计				

（2）资产负债表：1张，格式如下。

资产负债表

会企01表

编制单位： 年 月 日 单位：元

资产	期末数	期初数	负债及所有者权益	期末数	期初数
流动资产：			流动负债：		
货币资金			短期借款		
以公允价值计量且其变动计入当期损益的金融资产			以公允价值计量且其变动计入当期损益的金融负债		
应收票据及应收账款			应收票据及应付账款		
预付款项			预收款项		
其他应收款			应付职工薪酬		
存货			应交税费		
一年内到期的非流动资产			其他应付款		
流动资产合计			流动负债合计		
非流动资产：			非流动负债：		
持有至到期投资			长期借款		
长期股权投资			非流动负债合计		
投资性房地产			负债合计		
固定资产			所有者权益：		
在建工程			实收资本		
无形资产			资本公积		
开发支出			盈余公积		
长期待摊费用			未分配利润		
非流动资产合计			所有者权益合计		
资产总计			负债和所有者权益总计		

（3）利润表：1张，格式如下。

利润表

会企02表

编制单位：　　　　　　　　　　　　　　年　　月　　　　　　　　　　　　　　单位：元

项目	本期金额	上期金额
一、营业收入		略
减：营业成本		
税金及附加		
销售费用		
管理费用		
研发费用		
财务费用		
其中：利息费用		
利息收入		
资产减值损失		
加：其他收益		
投资收益（损失以“-”号填列）		
其中：对联营企业和合营企业的投资收益		
公允价值变动收益（损失以“-”号填列）		
资产处置收益（损失以“-”号填列）		
二、营业利润（亏损以“-”号填列）		
加：营业外收入		
减：营业外支出		
其中：非流动资产处置损失		
三、利润总额（亏损总额以“-”号填列）		
减：所得税费用		
四、净利润（净亏损以“-”号填列）		
五、其他综合收益的税后净额		
（一）不能重分类进损益的其他综合收益		
（二）将重分类进损益的其他综合收益		
六、综合收益总额		
七、每股收益		
（一）基本每股收益		
（二）稀释每股收益		

四、评分标准及参考答案

1．评分标准

实训成绩实行优秀、良好、中、及格和不及格5级评分制。例如，实行百分制，则90分以上的为优秀、80～89分为良好、70～79分为中等、60～69分为及格、60分以下为不及格。实训成绩的评分应贯穿于整个会计基础实训全过程。实训指导老师应根据学生完成实训的认真程度、实训成果的质量等情况，给予综合评分。

会计基础综合实训的评分参考标准如下所述。

（1）正确性，占40分。准确无误地使用账簿、凭证和运用会计科目，对各项经济业务的处理符合规定和要求，账目清楚，账证、账账、账表相符，核算结果正确无误，记40分。关键数字，每错一笔扣3分；一般数字，每错一笔扣2分；使用凭证和会计科目错误，借贷方向搞错，账目不清，会计报表内容不完整，数字有误，每错一笔扣3分。扣完本项得分为止。

（2）及时性，占10分。根据实训时间安排，按时完成学习内容，记10分。不及时交纳实训作业，每超过规定进度一天扣2分，超过3天后不得分。扣完本项得分为止。

（3）整洁，占10分。书写整齐、清楚、不乱涂乱改，记10分。顶格书写，发生差错乱涂、乱改或用刀刮等，每处扣1分。扣完本项得分为止。

（4）规范化，占20分。填制凭证、登记账簿、编制报表符合规范化要求，记20分。如果有不符合要求的，每处扣2分。扣完本项得分为止。

（5）实训态度，占10分。上课认真听讲，尊重教师，服从实训指导老师统一安排，自己动手独立完成作业，记10分。不尊重教师，不服从统一安排，抄袭他人作业的，要从严扣分。扣完本项得分为止。

（6）实训纪律，占10分。实训期间不迟到、不早退、不无故旷课，爱护实训室的用品用具，节约使用实训用品，注意实训室卫生，严格遵守实训纪律，记10分。如果有以下情况的，迟到、早退每次扣1分；无故旷课每次扣2分；不爱护公物、不讲究卫生的，要从严扣分。扣完本项得分为止。

2．参考答案

（1）会计分录。2018年12月发生经济业务所编制的会计分录。

业务1　付1号，12月1日，提取备用金，附件1张

借：库存现金　　2 000

　　贷：银行存款　　2 000

业务2　付2号，12月1日，归还前欠货款，附件1张

借：应付账款——市华光有限公司　　1 006 200

　　贷：银行存款　　1 006 200

业务3　付3号，12月2日，采购材料，附件5张

借：在途物资——甲材料　　151 250　（150 000+1 250）

　　　　　　——乙材料　　322 000　（320 000+2 000）

　　应交税费——应交增值税（进项税额）　　75 200

　　贷：银行存款　　548 450

业务4 转1号，12月3日，材料入库，附件1张

借：原材料——甲材料 151 250

——乙材料 322 000

贷：在途物资——甲材料 151 250

——乙材料 322 000

业务5 付4号，12月5日，预借差旅费，附件1张

借：其他应收款——张明 1 000

贷：库存现金 1 000

业务6 收1号，12月6日，销售产品，附件2张

借：银行存款 2 099 600

贷：主营业务收入——A产品 1 300 000

——B产品 510 000

应交税费——应交增值税（销项税额） 289 600

业务7 转2号，12月8日，采购材料，附件1张

借：在途物资——乙材料 410 000

——丙材料 75 000

应交税费——应交增值税（进项税额） 77 600

贷：应付账款——光明公司 562 600

业务8 付5号，12月10日，支付材料运杂费，附件3张

① 借：在途物资——乙材料 500

——丙材料 1 500

贷：银行存款 2 000

转3号，12月10日，材料入库，附件1张

② 借：原材料——乙材料 410 500 （410 000+500）

——丙材料 76 500 （75 000+1 500）

贷：在途物资——乙材料 410 500

——丙材料 76 500

业务9 收2号，12月10日，借款，附件1张

借：银行存款 100 000

贷：短期借款 100 000

业务10 付6号，12月10日，交税，附件2张

借：应交税费——未交增值税 22 100

——应交城建税 1 547

——应交教育费费加 663

贷：银行存款 24 310

业务11 转4号，12月11日，接受投资，附件2张

借：无形资产——商标使用权 400 000

贷：实收资本——华康集团 400 000

业务12 付7号，12月12日，采购设备，附件3张

借：固定资产　　160 000
　　应交税费——应交增值税（进项税额）　　24 800
　　贷：银行存款　　184 800

业务13　转5号，12月13日，领材料，附件1张

借：生产成本——A产品　　170 000
　　　　　　——B产品　　93 000
　　制造费用　　25 000
　　管理费用　　2 500
　　贷：原材料——甲材料　　135 000
　　　　　　——乙材料　　128 000
　　　　　　——丙材料　　27 500

业务14　转6号，12月13日，报销差旅费，附件2张

① 借：管理费用——差旅费　　1 000
　　贷：其他应收款——张明　　1 000

付8号，12月13日，补付差旅费

② 借：管理费用——差旅费　　350
　　贷：库存现金　　350

业务15　付9号，12月14日，车间购办公用品，附件1张

借：制造费用——办公费　　560
　　贷：库存现金　　560

业务16　付10号，12月15日，发工资，附件2张

借：应付职工薪酬——工资　　329 752
　　贷：银行存款　　329 752

业务17　转7号，12月15日，销售产品，附件2张

借：应收账款——常州远达有限公司　　125 280
　　贷：主营业务收入——A产品　　108 000
　　　　应交税费——应交增值税（销项税额）　　17 280

业务18　收3号，12月16日，销售产品，附件2张

借：银行存款　　101 500
　　贷：主营业务收入——B产品　　87 500
　　　　应交税费——应交增值税（销项税额）　　14 000

业务19　付11号，12月17日，支付广告费，附件2张

借：销售费用——广告费　　5 900
　　贷：银行存款　　5 900

业务20　转8号，12月17日，接受捐赠，附件2张

借：固定资产　　300 000
　　贷：营业外收入　　300 000

业务21　付12号，12月18日，支付电话费，附件2张

借：管理费用——电话费　　2 650
　　贷：银行存款　　2 650

业务 22　收 4 号，12 月 19 日，收回前欠货款，附件 1 张

借：银行存款　　292 500

　　贷：应收账款——无锡恒远有限公司　　292 500

业务 23　付 13 号，12 月 20 日，捐款，附件 2 张

借：营业外支出　　55 000

　　贷：银行存款　　55 000

业务 24　收 5 号，12 月 21 日，销售材料，附件 2 张

借：银行存款　　11 600

　　贷：其他业务收入　　10 000

　　　　应交税费——应交增值税（销项税额）　　1 600

业务 25　转 9 号，12 月 21 日，结转材料的销售成本，附件 1 张

借：其他业务成本　　6 500

　　贷：原材料——丁材料　　6 500

业务 26　付 14 号，12 月 25 日，支付电费，附件 3 张

借：制造费用　　25 190

　　管理费用　　3 000

　　销售费用　　1 964

　　应交税费——应交增值税（进项税额）　　4 824.64

　　贷：银行存款　　34 978.64

业务 27　收 6 号，12 月 28 日，收到投资利润，附件 2 张

借：银行存款　　40 000

　　贷：投资收益　　40 000

业务 28　转 10 号，12 月 29 日，计提借款利息，附件 1 张

借：财务费用　　1 166

　　贷：应付利息　　1 166

业务 29　收 7 号，12 月 29 日，收到违约金，附件 2 张

借：银行存款　　2 560

　　贷：营业外收入　　2 560

业务 30　转 11 号，12 月 31 日，计提折旧，附件 1 张

借：制造费用　　35 500

　　管理费用　　3 750

　　贷：累计折旧　　39 250

业务 31　转 12 号，12 月 31 日，分配工资，附件 1 张

借：生产成本——A 产品　　180 000

　　　　　　——B 产品　　120 000

　　制造费用　　15 000

　　管理费用　　35 000

　　销售费用　　10 000

　　贷：应付职工薪酬——工资　　360 000

业务 32　转 13 号，12 月 31 日，计提社会保险费，附件 1 张

借：生产成本——A产品　45 000
　　　　　　——B产品　30 000
　　制造费用　3 750
　　管理费用　8 750
　　销售费用　2 500
　　贷：应付职工薪酬——社会保险费　90 000

业务33　转14号，12月31日，摊销无形资产，附件1张

借：管理费用　6 261.50
　　贷：累计摊销　6 261.50

业务34　转15号，12月31日，结转制造费用，附件1张

制造费用分配率= 105 000 ÷ (180 000+120 000)=0.35
A产品应负担的制造费用 = 0.35×180 000 = 63 000（元）
B产品应负担的制造费用 = 0.35×120 000 = 42 000（元）

借：生产成本——A产品　63 000
　　　　　　——B产品　42 000
　　贷：制造费用　105 000

业务35　转16号，12月31日，产品完工入库，附件3张

A产品生产总成本=496 000+170 000+180 000+45 000+63 000= 954 000（元）
B产品生产总成本=93 000+120 000+30 000+42 000 =285 000（元）

借：库存商品——A产品　954 000
　　　　　　——B产品　285 000
　　贷：生产成本——A产品　954 000
　　　　　　　　——B产品　285 000

业务36　转17号，12月31日，结转销售成本，附件1张

A产品单位生产成本= 954 000 ÷ 300= 3 180（元）
B产品单位生产成本= 285 000 ÷ 250= 1 140（元）
A产品销售成本= 218×3 180 = 693 240（元）
B产品销售成本= 175×1 140 = 199 500（元）

借：主营业务成本——A产品　693 240
　　　　　　　　——B产品　199 500
　　贷：库存商品——A产品　693 240
　　　　　　　　——B产品　199 500

业务37　转18号，12月31日，盘盈盘亏材料，附件1张

① 借：原材料——甲材料　3 000
　　　待处理财产损益——待处理流动资产损溢　6 000
　　　贷：原材料——乙材料　9 000

转19号，12月31日，处理盘盈材料，附件1张

② 借：待处理财产损溢——待处理流动资产损溢　3 000
　　　贷：管理费用　3 000

转20号，12月31日，处理盘亏材料，附件1张

③ 借：其他应收款——王雷　　1 000
——保险公司　　4 000
管理费用　　3 000
营业外支出　　1 000
贷：待处理财产损溢——待处理流动资产损溢　　9 000

业务 38　转 21 号，12 月 31 日，计提城建税等，附件 1 张

应交增值税=（289 600+17 280+14 000+1 600）−（75 200+77 600+24 800+4 824.64）
=140 055.36（元）

本月应提取城建税=140 055.36×7% = 9 803.88（元）

本月应提取教育费附加=140 055.36×3% = 4 201.66（元）

借：税金及附加　　14 005.54
贷：应交税费——应交城建税　　9 803.88
——应交教育费附加　　4 201.66

业务 39　转 22 号，12 月 31 日，结转收入类账户，附件 1 张

① 借：主营业务收入　　2 005 500
其他业务收入　　10 000
营业外收入　　302 560
投资收益　　40 000
贷：本年利润　　2 358 060

转 23 号，12 月 31 日，结转费用类账户

② 借：本年利润　　1 054 037.04
贷：主营业务成本　　892 740
其他业务成本　　6 500
税金及附加　　14 005.54
管理费用　　63 261.50
销售费用　　20 364
财务费用　　1 166
营业外支出　　56 000

业务 40　转 24 号，12 月 31 日，计提所得税，附件 1 张

本月利润总额=2 358 060 − 1 054 037.04=1 304 022.96（元）

本月应交所得税=1 304 022.96×25% =326 005.74（元）

① 借：所得税费用　　326 005.74
贷：应交税费——应交所得税　　326 005.74

转 25 号，12 月 31 日，结转所得税费用

② 借：本年利润　　326 005.74
贷：所得税费用　　326 005.74

业务 41　转 26 号，12 月 31 日，结转全年净利润，附件 1 张

全年净利润=1 181 736.75 + 1 304 022.96 − 326 005.74=2 159 753.97（元）

借：本年利润　　2 159 753.97
贷：利润分配——未分配利润　　2 159 753.97

业务42 转27号，12月31日，提取盈余公积，附件1张

借：利润分配——提取法定盈余公积 215 975.40

——提取任意盈余公积 107 987.70

贷：盈余公积——法定盈余公积 215 975.40

——任意盈余公积 107 987.70

业务43 转28号，12月31日，分配投资者利润，附件1张

借：利润分配——应付现金股利 300 000

贷：应付股利 300 000

业务44 转29号，12月31日，结转利润分配各明细，附件1张

借：利润分配——未分配利润 623 963.10

贷：利润分配——提取法定盈余公积 215 975.40

——提取任意盈余公积 107 987.70

——应付现金股利 300 000.00

（2）本月账户发生额试算平衡表。

账户发生额试算平衡表

2018年12月1—31日

会计科目	借方发生额	贷方发生额	总账页码	记账凭证起讫号数
库存现金	2 000.00	1 910.00	略	
银行存款	2 647 760.00	2 196 040.64		
应收账款	125 280.00	292 500.00		
其他应收款	6 000.00	1 000.00		
在途物资	960 250.00	960 250.00		
原材料	963 250.00	306 000.00		
生产成本	743 000.00	1 239 000.00		
制造费用	105 000.00	105 000.00		
库存商品	1 239 000.00	892 740.00		
固定资产	460 000.00			
累计折旧		39 250.00		
无形资产	400 000.00			
累计摊销		6 261.50		
待处理财产损溢	9 000.00	9 000.00		
短期借款		100 000.00		
应付账款	1 006 200.00	562 600.00		
应付职工薪酬	329 752.00	450 000.00		
应交税费	206 734.64	662 491.28		
应付利息		1 166.00		
应付股利		300 000.00		
实收资本		400 000.00		
盈余公积		323 963.10		

续表

会计科目	借方发生额	贷方发生额	总账页码	记账凭证起讫号数
本年利润	3 539 796.75	2 358 060.00		
利润分配	1 247 926.20	2 783 717.07		
主营业务收入	2 005 500.00	2 005 500.00		
其他业务收入	10 000.00	10 000.00		
投资收益	40 000.00	40 000.00		
营业外收入	302 560.00	302 560.00		
主营业务成本	892 740.00	892 740.00		
其他业务成本	6 500.00	6 500.00		
税金及附加	14 005.54	14 005.54		
销售费用	20 364.00	20 364.00		
管理费用	63 261.50	63 261.50		
财务费用	1 166.00	1 166.00		
营业外支出	56 000.00	56 000.00		
所得税费用	326 005.74	326 005.74		
合　计	17 729 052.37	17 729 052.37		

（3）资产负债表。

资产负债表

会企 01

编制单位：江苏清江机床厂　　2018 年 12 月 31 日　　单位：元

资产	期末余额	年初余额	负债及所有者权益	期末余额	年初余额
流动资产：			流动负债：		
货币资金	3 195 240.36	2 743 431	短期借款	200 000	100 000
以公允价值计量且其变动计入当期损益的金融资产			以公允价值计量且其变动计入当期损益的金融负债		
应收票据及应收账款	230 280	397 500	应收票据及应付账款	1 095 900	1 539 500
预付款项			预收款项		
其他应收款	53 000	48 000	应付职工薪酬	472 958	352 710
存货	4 851 060.25	4 343 550.25	应交税费	480 066.64	24 310
一年内到期的非流动资产			其他应付款	387 166	86 000

续表

资产	期末余额	年初余额	负债及所有者权益	期末余额	年初余额
流动资产合计	8 329 580.61	7 532 481.25	流动负债合计	2 636 090.64	2 102 520
非流动资产：			非流动负债：		
持有至到期投资			长期借款	1 000 000	1 000 000
长期股权投资			非流动负债合计	1 000 000	1 000 000
投资性房地产			负债合计	3 636 090.64	3 102 520
固定资产	3 112 340	2 691 590	所有者权益：		
在建工程	2 895 000	2 895 000	实收资本	6 850 000	6 450 000
无形资产	1 066 994.5	673 256	资本公积	1 120 000	1 120 000
开发支出			盈余公积	1 310 033.6	986 070.5
长期待摊费用			未分配利润	2 487 790.87	2 133 736.75
非流动资产合计	7 074 334.5	6 259 846	所有者权益合计	11767 824.47	10689 807.25
资产总计	15403 915.11	13792 327.25	负债和所有者权益总计	15403 915.11	13792 327.25

（4）利润表。

利润表

会企 02 表

编制单位：江苏清江机床厂　　2018 年 12 月　　单位：元

项目	本期金额	上期金额
一、营业收入	2 015 500.00	略
减：营业成本	899 240.00	
税金及附加	14 005.54	
销售费用	20 364.00	
管理费用	63 261.50	
研发费用		
财务费用	1 166.00	
其中：利息费用	1 166.00	
利息收入		
资产减值损失		
加：其他收益		
投资收益（损失以“-”号填列）	40 000.00	
其中：对联营企业和合营企业的投资收益		
公允价值变动收益（损失以“-”号填列）		

续表

项目	本期金额	上期金额
资产处置收益（损失以“-”号填列）		
二、营业利润（亏损以“-”号填列）	1 057 462.96	
加：营业外收入	302 560.00	
减：营业外支出	56 000.00	
其中：非流动资产处置损失		
三、利润总额（亏损总额以“-”号填列）	1 304 022.96	
减：所得税费用	326 005.74	
四、净利润（净亏损以“-”号填列）	978 017.22	
五、其他综合收益的税后净额		
（一）不能重分类进损益的其他综合收益		
（二）将重分类进损益的其他综合收益		
六、综合收益总额		
七、每股收益		
（一）基本每股收益		
（二）稀释每股收益		

附　录

附录 A　中华人民共和国会计法

（1985 年 1 月 21 日第六届全国人民代表大会常务委员会第九次会议通过，1993 年 12 月 29 日第八届全国人民代表大会常务委员会第五次会议修正，1999 年 10 月 31 日第九届全国人民代表大会常务委员会第十二次会议修订，2017 年 11 月 4 日第十二届全国人民代表大会常务委员会第三十次会议修正。）

第一章　总　则

第一条　为了规范会计行为，保证会计资料真实、完整，加强经济管理和财务管理，提高经济效益，维护社会主义市场经济秩序，制定本法。

第二条　国家机关、社会团体、公司、企业、事业单位和其他组织（以下统称单位）必须依照本法办理会计事务。

第三条　各单位必须依法设置会计账簿，并保证其真实、完整。

第四条　单位负责人对本单位的会计工作和会计资料的真实性、完整性负责。

第五条　会计机构、会计人员依照本法规定进行会计核算，实行会计监督。

任何单位或者个人不得以任何方式授意、指使、强令会计机构、会计人员伪造、变造会计凭证、会计账簿和其他会计资料，提供虚假财务会计报告。

任何单位或者个人不得对依法履行职责、抵制违反本法规定行为的会计人员实行打击报复。

第六条　对认真执行本法，忠于职守，坚持原则，做出显著成绩的会计人员，给予精神的或者物质的奖励。

第七条　国务院财政部门主管全国的会计工作。

县级以上地方各级人民政府财政部门管理本行政区域内的会计工作。

第八条　国家实行统一的会计制度。国家统一的会计制度由国务院财政部门根据本法制定并公布。

国务院有关部门可以依照本法和国家统一的会计制度制定对会计核算和会计监督有特殊要求的行业实施国家统一的会计制度的具体办法或者补充规定，报国务院财政部门审核批准。

中国人民解放军总后勤部可以依照本法和国家统一的会计制度制定军队实施国家统一的会计制度的具体办法，报国务院财政部门备案。

第二章 会计核算

第九条 各单位必须根据实际发生的经济业务事项进行会计核算，填制会计凭证，登记会计账簿，编制财务会计报告。

任何单位不得以虚假的经济业务事项或者资料进行会计核算。

第十条 下列经济业务事项，应当办理会计手续，进行会计核算：

（一）款项和有价证券的收付；

（二）财物的收发、增减和使用；

（三）债权债务的发生和结算；

（四）资本、基金的增减；

（五）收入、支出、费用、成本的计算；

（六）财务成果的计算和处理；

（七）需要办理会计手续、进行会计核算的其他事项。

第十一条 会计年度自公历1月1日起至12月31日止。

第十二条 会计核算以人民币为记账本位币。

业务收支以人民币以外的货币为主的单位，可以选定其中一种货币作为记账本位币，但是编报的财务会计报告应当折算为人民币。

第十三条 会计凭证、会计账簿、财务会计报告和其他会计资料，必须符合国家统一的会计制度的规定。

使用电子计算机进行会计核算的，其软件及其生成的会计凭证、会计账簿、财务会计报告和其他会计资料，也必须符合国家统一的会计制度的规定。

任何单位和个人不得伪造、变造会计凭证、会计账簿及其他会计资料，不得提供虚假的财务会计报告。

第十四条 会计凭证包括原始凭证和记账凭证。

办理本法第十条所列的经济业务事项，必须填制或者取得原始凭证并及时送交会计机构。

会计机构、会计人员必须按照国家统一的会计制度的规定对原始凭证进行审核，对不真实、不合法的原始凭证有权不予接受，并向单位负责人报告；对记载不准确、不完整的原始凭证予以退回，并要求按照国家统一的会计制度的规定更正、补充。

原始凭证记载的各项内容均不得涂改；原始凭证有错误的，应当由出具单位重开或者更正，更正处应当加盖出具单位印章。原始凭证金额有错误的，应当由出具单位重开，不得在原始凭证上更正。

记账凭证应当根据经过审核的原始凭证及有关资料编制。

第十五条 会计账簿登记，必须以经过审核的会计凭证为依据，并符合有关法律、行政法规和国家统一的会计制度的规定。会计账簿包括总账、明细账、日记账和其他辅助性账簿。

会计账簿应当按照连续编号的页码顺序登记。会计账簿记录发生错误或者隔页、缺号、跳行的，应当按照国家统一的会计制度规定的方法更正，并由会计人员和会计机构负责人（会计主管人员）在更正处盖章。

使用电子计算机进行会计核算的，其会计账簿的登记、更正，应当符合国家统一的会计制度的规定。

第十六条　各单位发生的各项经济业务事项应当在依法设置的会计账簿上统一登记、核算，不得违反本法和国家统一的会计制度的规定私设会计账簿登记、核算。

第十七条　各单位应当定期将会计账簿记录与实物、款项及有关资料相互核对，保证会计账簿记录与实物及款项的实有数额相符、会计账簿记录与会计凭证的有关内容相符、会计账簿之间相对应的记录相符、会计账簿记录与会计报表的有关内容相符。

第十八条　各单位采用的会计处理方法，前后各期应当一致，不得随意变更；确有必要变更的，应当按照国家统一的会计制度的规定变更，并将变更的原因、情况及影响在财务会计报告中说明。

第十九条　单位提供的担保、未决诉讼等或有事项，应当按照国家统一的会计制度的规定，在财务会计报告中予以说明。

第二十条　财务会计报告应当根据经过审核的会计账簿记录和有关资料编制，并符合本法和国家统一的会计制度关于财务会计报告的编制要求、提供对象和提供期限的规定；其他法律、行政法规另有规定的，从其规定。

财务会计报告由会计报表、会计报表附注和财务情况说明书组成。向不同的会计资料使用者提供的财务会计报告，其编制依据应当一致。有关法律、行政法规规定会计报表、会计报表附注和财务情况说明书须经注册会计师审计的，注册会计师及其所在的会计师事务所出具的审计报告应当随同财务会计报告一并提供。

第二十一条　财务会计报告应当由单位负责人和主管会计工作的负责人、会计机构负责人(会计主管人员)签名并盖章；设置总会计师的单位，还须由总计师签名并盖章。

单位负责人应当保证财务会计报告真实、完整。

第二十二条　会计记录的文字应当使用中文。在民族自治地方，会计记录可以同时使用当地通用的一种民族文字。在中华人民共和国境内的外商投资企业、外国企业和其他外国组织的会计记录可以同时使用一种外国文字。

第二十三条 各单位对会计凭证、会计账簿、财务会计报告和其他会计资料应当建立档案，妥善保管。会计档案的保管期限和销毁办法，由国务院财政部会同有关部门制定。

第三章　公司、企业会计核算的特别规定

第二十四条　公司、企业进行会计核算，除应当遵守本法第二章的规定外，还应当遵守本章规定。

第二十五条　公司、企业必须根据实际发生的经济业务事项，按照国家统一的会计制度的规定确认、计量和记录资产、负债、所有者权益、收入、费用、成本和利润。

第二十六条　公司、企业进行会计核算不得有下列行为：

（一）随意改变资产、负债、所有者权益的确认标准或者计量方法，虚列、多列、不列或者少列资产、负债、所有者权益；

（二）虚列或者隐瞒收入，推迟或者提前确认收入；

（三）随意改变费用、成本的确认标准或者计量方法，虚列、多列、不列或者少列费用、成本；

（四）随意调整利润的计算、分配方法，编造虚假利润或者隐瞒利润；

（五）违反国家统一的会计制度规定的其他行为。

第四章　会 计 监 督

第二十七条　各单位应当建立、健全本单位内部会计监督制度。单位内部会计监督制度应当符合下列要求：

（一）记账人员与经济业务事项和会计事项的审批人员、经办人员、财物保管人员的职责权限应当明确，并相互分离、相互制约；

（二）重大对外投资、资产处置、资金调度和其他重要经济业务事项的决策和执行的相互监督、相互制约程序应当明确；

（三）财产清查的范围、期限和组织程序应当明确；

（四）对会计资料定期进行内部审计的办法和程序应当明确。

第二十八条　单位负责人应当保证会计机构、会计人员依法履行职责，不得授意、指使、强令会计机构、会计人员违法办理会计事项。

会计机构、会计人员对违反本法和国家统一的会计制度规定的会计事项，有权拒绝办理或者按照职权予以纠正。

第二十九条　会计机构、会计人员发现会计账簿记录与实物、款项及有关资料不相符的，按照国家统一的会计制度的规定有权自行处理的，应当及时处理;无权处理的，应当立即向单位负责人报告，请求查明原因，做出处理。

第三十条　任何单位和个人对违反本法和国家统一的会计制度规定的行为，有权检举。收到检举的部门有权处理的，应当依法按照职责分工及时处理;无权处理的，应当及时移送有权处理的部门处理。收到检举的部门、负责处理的部门应当为检举人保密，不得将检举人姓名和检举材料转给被检举单位和被检举人个人。

第三十一条　有关法律、行政法规规定，须经注册会计师进行审计的单位，应当向受委托的会计师事务所如实提供会计凭证、会计账簿、财务会计报告和他会计资料以及有关情况。

任何单位或者个人不得以任何方式要求或者示意注册会计师及其所在的会计师事务所出具不实或者不当的审计报告。

财政部门有权对会计师事务所出具审计报告的程序和内容进行监督。

第三十二条　财政部门对各单位的下列情况实施监督：

（一）是否依法设置会计账簿；

（二）会计凭证、会计账簿、财务会计报告和其他会计资料是否真实、完整；

（三）会计核算是否符合本法和国家统一的会计制度的规定；

（四）从事会计工作的人员是否具备专业能力、遵守职业道德。

在对前款第（二）项所列事项实施监督，发现重大违法嫌疑时，国务院财政部门及其派出机构可以向与被监督单位有经济业务往来的单位和被监督单位开立账户的金融机构查询有关情况，有关单位和金融机构应当给予支持。

第三十三条　财政、审计、税务、人民银行、证券监管、保险监管等部门应当依照有关法律、行政法规规定的职责，对有关单位的会计资料实施监督检查。

前款所列监督检查部门对有关单位的会计资料依法实施监督检查后，应当出具检查结论。有关监督检查部门已经作出的检查结论能够满足其他监督检查部门履行本部门职责需要的，其他监督检查部门应当加以利用，避免重复查账。

第三十四条 依法对有关单位的会计资料实施监督检查的部门及其工作人员对在监督检查中知悉的国家秘密和商业秘密负有保密义务。

第三十五条 各单位必须依照有关法律、行政法规的规定，接受有关监督检查部门依法实施的监督检查，如实提供会计凭证、会计账簿、财务会计报告和他会计资料以及有关情况，不得拒绝、隐匿、谎报。

第五章 会计机构和会计人员

第三十六条 各单位应当根据会计业务的需要，设置会计机构，或者在有关机构中设置会计人员并指定会计主管人员；不具备设置条件的，应当委托经批准设立从事会计代理记账业务的中介机构代理记账。

国有的和国有资产占控股地位或者主导地位的大、中型企业必须设置总会计师。总会计师的任职资格、任免程序、职责权限由国务院规定。

第三十七条 会计机构内部应当建立稽核制度。

出纳人员不得兼任稽核、会计档案保管和收入、支出、费用、债权债务账目的登记工作。

第三十八条 会计人员应当具备从事会计工作所需要的专业能力。

担任单位会计机构负责人(会计主管人员)的，应当具备会计师以上专业技术职务资格或者从事会计工作三年以上经历。

本法所称会计人员的范围由国务院财政部门规定。

第三十九条 会计人员应当遵守职业道德，提高业务素质。对会计人员的教育和培训工作应当加强。

第四十条 因有提供虚假财务会计报告，做假账，隐匿或者故意销毁会计凭证、会计账簿、财务会计报告，贪污，挪用公款，职务侵占等与会计职务的有关违法行为被依法追究刑事责任的人员，不得再从事会计工作。

第四十一条 会计人员调动工作或者离职，必须与接管人员办清交接手续。

一般会计人员办理交接手续，由会计机构负责人(会计主管人员)监交；会计机构负责人(会计主管人员)办理交接手续，由单位负责人监交，必要时主管单位可以派人会同监交。

第六章 法律责任

第四十二条 违反本法规定，有下列行为之一的，由县级以上人民政府财政部门责令限期改正，可以对单位并处三千元以上五万元以下的罚款；对其直接负责的主管人员和其他直接责任人员，可以处二千元以上二万元以下的罚款；属于国家工作人员的，还应当由其所在单位或者有关单位依法给予行政处分：

（一）不依法设置会计账簿的；

（二）私设会计账簿的；

（三）未按照规定填制、取得原始凭证或者填制、取得的原始凭证不符合规定的；

（四）以未经审核的会计凭证为依据登记会计账簿或者登记会计账簿不符合规定的；

（五）随意变更会计处理方法的；

（六）向不同的会计资料使用者提供的财务会计报告编制依据不一致的；

（七）未按照规定使用会计记录文字或者记账本位币的；

（八）未按照规定保管会计资料，致使会计资料毁损、灭失的；

（九）未按照规定建立并实施单位内部会计监督制度或者拒绝依法实施的监督或者不如实提供有关会计资料及有关情况的；

（十）任用会计人员不符合本法规定的。

有前款所列行为之一，构成犯罪的，依法追究刑事责任。

会计人员有第一款所列行为之一，情节严重的，五年内不得从事会计工作。

有关法律对第一款所列行为的处罚另有规定的，依照有关法律的规定办理。

第四十三条 伪造、变造会计凭证、会计账簿，编制虚假财务会计报告，构成犯罪的，依法追究刑事责任。

有前款行为，尚不构成犯罪的，由县级以上人民政府财政部门予以通报，可以对单位并处五千元以上十万元以下的罚款；对其直接负责的主管人员和其他直接责任人员，可以处三千元以上五万元以下的罚款；属于国家工作人员的，还应当由其所在单位或者有关单位依法给予撤职直至开除的行政处分；其中的会计人员，五年内不得从事会计工作。

第四十四条 隐匿或者故意销毁依法应当保存的会计凭证、会计账簿、财务会计报告，构成犯罪的，依法追究刑事责任。

有前款行为，尚不构成犯罪的，由县级以上人民政府财政部门予以通报，可以对单位并处五千元以上十万元以下的罚款；对其直接负责的主管人员和其他直接责任人员，可以处三千元以上五万元以下的罚款；属于国家工作人员的，还应当由其所在单位或者有关单位依法给予撤职直至开除的行政处分；其中的会计人员，五年内不得从事会计工作。

第四十五条 授意、指使、强令会计机构、会计人员及其他人员伪造、变造会计凭证、会计账簿，编制虚假财务会计报告或者隐匿、故意销毁依法应当保的会计凭证、会计账簿、财务会计报告，构成犯罪的，依法追究刑事责任;尚不构成犯罪的，可以处五千元以上五万元以下的罚款；属于国家工作人员的，还应当由其所在单位或者有关单位依法给予降级、撤职、开除的行政处分。

第四十六条 单位负责人对依法履行职责、抵制违反本法规定行为的会计人员以降级、撤职、调离工作岗位、解聘或者开除等方式实行打击报复，构成犯罪的，依法追究刑事责任；尚不构成犯罪的，由其所在单位或者有关单位依法给予行政处分。对受打击报复的会计人员，应当恢复其名誉和原有职务、级别。

第四十七条 财政部门及有关行政部门的工作人员在实施监督管理中滥用职权、玩忽职守、徇私舞弊或者泄露国家秘密、商业秘密，构成犯罪的，依法追刑事责任;尚不构成犯罪的，依法给予行政处分。

第四十八条 违反本法第三十条规定，将检举人姓名和检举材料转给被检举单位和被检举人个人的，由所在单位或者有关单位依法给予行政处分。

第四十九条 违反本法规定，同时违反其他法律规定的，由有关部门在各自职权范围内依法进行处罚。

第七章　附　　则

第五十条　本法下列用语的含义：

单位负责人，是指单位法定代表人或者法律、行政法规规定代表单位行使职权的主要负责人。

国家统一的会计制度，是指国务院财政部门根据本法制定的关于会计核算、会计监督、会计机构和会计人员以及会计工作管理的制度。

第五十一条　个体工商户会计管理的具体办法，由国务院财政部门根据本法的原则另行规定。

第五十二条　本法自2000年7月1日起施行。

附录B　会计基础工作规范

第一章　总　　则

第一条　为了加强会计基础工作，建立规范的会计工作秩序，提高会计工作水平，根据《中华人民共和国会计法》的有关规定，制定本规范。

第二条　国家机关、社会团体、企业、事业单位、个体工商户和其他组织的会计基础工作，应当符合本规范的规定。

第三条　各单位应当依据有关法律、法规和本规范的规定，加强会计基础工作，严格执行会计法规制度，保证会计工作依法有序地进行。

第四条　单位领导人对本单位的会计基础工作负有领导责任。

第五条　各省、自治区、直辖市财政厅（局）要加强对会计基础工作的管理和指导，通过政策引导、经验交流、监督检查等措施，促进基层单位加强会计基础工作，不断提高会计工作水平。

国务院各业务主管部门根据职责权限管理本部门的会计基础工作。

第二章　会计机构和会计人员

第一节　会计机构设置和会计人员配备

第六条　各单位应当根据会计业务的需要设置会计机构；不具备单独设置会计机构条件的，应当在有关机构中配备专职会计人员。

事业行政单位会计机构的设置和会计人员的配备，应当符合国家统一事业行政单位会计制度的规定。

设置会计机构，应当配备会计机构负责人；在有关机构中配备专职会计人员，应当在专职会计人员中指定会计主管人员。

会计机构负责人、会计主管人员的任免，应当符合《中华人民共和国会计法》和有关法律的规定。

第七条　会计机构负责人、会计主管人员应当具备下列基本条件：

（一）坚持原则，廉洁奉公；

（二）具有会计专业技术资格；

（三）主管一个单位或者单位内一个重要方面的财务会计工作时间不少于二年；

（四）熟悉国家财经法律、法规、规章和方针、政策，掌握本行业业务管理的有关知识；

（五）有较强的组织能力；

（六）身体状况能够适应本职工作的要求。

第八条 没有设置会计机构和配备会计人员的单位，应当根据《代理记账管理暂行办法》委托会计师事务所或者持有代理记账许可证书的其他代理记账机构进行代理记账。

第九条 大、中型企业、事业单位、业务主管部门应当根据法律和国家有关规定设置总会计师。总会计师由具有会计师以上专业技术资格的人员担任。

总会计师行使《总会计师条例》规定的职责、权限。

总会计师的任命（聘任）、免职（解聘）依照《总会计师条例》和有关法律的规定办理。

第十条 各单位应当根据会计业务需要配备持有会计证的会计人员。未取得会计证的人员，不得从事会计工作。

第十一条 各单位应当根据会计业务需要设置会计工作岗位。

会计工作岗位一般可分为：会计机构负责人或者会计主管人员，出纳，财产物资核算，工资核算，成本费用核算，财务成果核算，资金核算，往来结算，总账报表，稽核，档案管理等。开展会计电算化和管理会计的单位，可以根据需要设置相应工作岗位，也可以与其他工作岗位相结合。

第十二条 会计工作岗位，可以一人一岗，一人多岗或者一岗多人。但出纳人员不得兼管稽核、会计档案保管和收入、费用、债权债务账目的登记工作。

第十三条 会计人员的工作岗位应当有计划地进行轮换。

第十四条 会计人员应当具备必要的专业知识和专业技能，熟悉国家有关法律、法规、规章和国家统一会计制度，遵守职业道德。

会计人员应当按照国家有关规定参加会计业务的培训，各单位应当合理安排会计人员的培训，保证会计人员每年有一定时间用于学习和参加培训。

第十五条 各单位领导人应当支持会计机构、会计人员依法行使职权；对忠于职守，坚持原则，做出显著成绩的会计机构、会计人员，应当给予精神的和物质的奖励。

第十六条 国家机关、国有企业、事业单位任用会计人员应当实行回避制度。

单位领导人的直系亲属不得担任本单位的会计机构负责人、会计主管人员。会计机构负责人、会计主管人员的直系亲属不得在本单位会计机构中担任出纳工作。

需要回避的直系亲属为：夫妻关系、直系血亲关系、三代以内旁系血亲以及配偶血亲关系。

第二节　会计人员职业道德

第十七条 会计人员在会计工作中应当遵守职业道德，树立良好的职业品质、严谨的工作作风，严守工作纪律，努力提高工作效率和工作质量。

第十八条 会计人员应当热爱本职工作，努力钻研业务，使自己的知识和技能适应所从事工作的要求。

第十九条 会计人员应当熟悉财经法律、法规、规章和国家统一会计制度，并结合会计工作进行广泛宣传。

第二十条 会计人员应当按照会计法律、法规和国家统一会计制度规定的程序和要求进行会计工作，保证所提供的会计信息合法、真实、准确、及时、完整。

第二十一条 会计人员办理会计事务应当实事求是、客观公正。

第二十二条 会计人员应当熟悉本单位的生产经营和业务管理情况，运用掌握的会计信息和会计方法，为改善单位内部管理、提高经济效益服务。

第二十三条 会计人员应当保守本单位的商业秘密。除法律规定和单位领导人同意外，不能私自向外界提供或者泄露单位的会计信息。

第二十四条 财政部门、业务主管部门和各单位应当定期检查会计人员遵守职业道德的情况，并作为会计人员晋升、晋级、聘任专业职务、表彰奖励的重要考核依据。

会计人员违反职业道德的，由所在单位进行处罚；情节严重的由会计证发证机关吊销其会计证。

第三节 会计工作交接

第二十五条 会计人员工作调动或者因故离职，必须将本人所经管的会计工作全部移交给接替人员。没有办清交接手续的，不得调动或者离职。

第二十六条 接替人员应当认真接管移交工作，并继续办理移交的未了事项。

第二十七条 会计人员办理移交手续前，必须及时做好以下工作：

（一）已经受理的经济业务尚未填制会计凭证的，应当填制完毕。

（二）尚未登记的账目，应当登记完毕，并在最后一笔余额后加盖经办人员印章。

（三）整理应该移交的各项资料，对未了事项写出书面材料。

（四）编制移交清册，列明应当移交的会计凭证、会计账簿、会计报表、印章、现金、有价证券、支票簿、发票、文件、其他会计资料和物品等内容；实行会计电算化的单位，从事该项工作的移交人还应当在移交清册中列明会计软件及密码、会计软件数据磁盘（磁带等）及有关资料、实物等内容。

第二十八条 会计人员办理交接手续，必须有监交人负责监交。一般会计人员交接，由单位会计机构负责人、会计主管人员负责监交；会计机构负责人、会计主管人员交接，由单位领导人负责监交，必要时可由上级主管部门派人会同监交。

第二十九条 移交人员在办理移交时，要按移交清册逐项移交；接替人员要逐项核对点收。

（一）现金、有价证券要根据会计账簿有关记录进行点交。库存现金、有价证券必须与会计账簿记录保持一致。不一致时，移交人员必须限期查清。

（二）会计凭证、会计账簿、会计报表和其他会计资料必须完整无缺。如有短缺，必须查清原因，并在移交清册中注明，由移交人员负责。

（三）银行存款账户余额要与银行对账单核对，如不一致，应当编制银行存款余额调节表调节相符，各种财产物资和债权债务的明细账户余额要与总账有关账户余额核对相符；必要时，要抽查个别账户的余额，与实物核对相符，或者与往来单位、个人核对清楚。

（四）移交人员经管的票据、印章和其他实物等，必须交接清楚；移交人员从事会计电算化工作，要对有关电子数据在实际操作状态下进行交接。

第三十条 会计机构负责人、会计主管人员移交时，还必须将全部财务会计工作、重大财务收支和会计人员的情况等，向接替人员详细介绍。对需要移交的遗留问题，应当写出书面材料。

第三十一条 交接完毕后，交接双方和监方人员要在移交清册上签名或者盖章，并应在移交清册上注明：单位名称，交接日期，交接双方和监交人员的职务、姓名、移交清册页数以及需要说明的问题和意见等。

移交清册一般应当填制一式三份，交接双方各执一份，存档一份。

第三十二条 接替人员应当继续使用移交的会计账簿，不得自行另立新账，以保持会计记录的连续性。

第三十三条 会计人员临时离职或者因病不能工作且需要接替或者代理的，会计机构负责人、会计主管人员或者单位领导人必须指定有关人员接替或者代理，并办理交接手续。

临时离职或者因病不能工作的会计人员恢复工作的，应当与接替或者代理人员办理交接手续。移交人员因病或者其他特殊原因不能亲自办理移交的，经单位领导人批准，可由移交人员委托他人代办移交，但委托人应当承担本规范第三十五条规定的责任。

第三十四条 单位撤销时，必须留有必要的会计人员，会同有关人员办理清理工作，编制决算。未移交前，不能离职。接收单位和移交日期由主管部门确定。

单位合并、分立的，其会计工作交接手续比照上述有关规定办理。

第三十五条 移交人员对所移交的会计凭证、会计账簿、会计报表和其他有关资料的合法性、真实性承担法律责任。

第三章 会 计 核 算

第一节 会计核算一般要求

第三十六条 各单位应当按照《中华人民共和国会计法》和国家统一会计制度的规定建立会计账册，进行会计核算，及时提供合法、真实、准确、完整的会计信息。

第三十七条 各单位发生的下列事项，应当及时办理会计手续，进行会计核算：

（一）款项和有价证券的收付；

（二）财物的收发、增减和使用；

（三）债权债务的发生和结算；

（四）资本、基金的增减；

（五）收入、支出、费用、成本的计算；

（六）财务成果的计算和处理；

（七）其他需要办理会计手续、进行会计核算的事项。

第三十八条 各单位的会计核算应当以实际发生的经济业务为依据，按照规定的会计处理方法进行，保证会计指标的口径一致、相互可比和会计处理方法的前后各期相一致。

第三十九条 会计年度自公历一月一日起至十二月三十一日止。

第四十条 会计核算以人民币为记账本位币。

收支业务以外国货币为主的单位，也可以选定某种外国货币作为记账本位币，但是编制的会计报表应当折算为人民币反映。

境外单位向国内有关部门编报的会计报表，应当折算为人民币反映。

第四十一条 各单位根据国家统一会计制度的要求，在不影响会计核算要求、会计报表指标汇总和对外统一会计报表的前提下，可以根据实际情况自行设置和使用会计科目。

事业行政单位会计科目的设置和使用，应当符合国家统一事业行政单位会计制度的规定。

第四十二条 会计凭证、会计账簿、会计报表和其他会计资料的内容和要求必须符合国家统一会计制度的规定，不得伪造、变造会计凭证和会计账簿，不得设置账外账，不得报送虚假会计报表。

第四十三条 各单位对外报送的会计报表格式由财政部统一规定。

第四十四条 实行会计电算化的单位，对使用的会计软件及其生成的会计凭证、会计账簿、会计报表和其他会计资料的要求，应当符合财政部关于会计电算化的有关规定。

第四十五条 各单位的会计凭证、会计账簿、会计报表和其他会计资料，应当建立档案，妥善保管。会计档案建档要求、保管期限、销毁办法等依据《会计档案管理办法》的规定进行。

实行会计电算化的单位，有关电子数据、会计软件资料等应当作为会计档案进行管理。

第四十六条 会计记录的文字应当使用中文，少数民族自治地区可以同时使用少数民族文字。中国境内的外商投资企业、外国企业和其他外国经济组织也可以同时使用某种外国文字。

第二节 填制会计凭证

第四十七条 各单位办理本规范第三十七条规定的事项，必须取得或者填制原始凭证，并及时送交会计机构。

第四十八条 原始凭证的基本要求是：

（一）原始凭证的内容必须具备：凭证的名称；填制凭证的日期；填制凭证单位名称或者填制人姓名；经办人员的签名或者盖章；接受凭证单位名称；经济业务内容；数量、单价和金额。

（二）从外单位取得的原始凭证，必须盖有填制单位的公章；从个人取得的原始凭证，必须有填制人员的签名或者盖章。自制原始凭证必须有经办单位领导人或者其指定的人员签名或者盖章。对外开出的原始凭证，必须加盖本单位公章。

（三）凡填有大写和小写金额的原始凭证，大写与小写金额必须相符。购买实物的原始凭证，必须有验收证明。支付款项的原始凭证，必须有收款单位和收款人的收款证明。

（四）一式几联的原始凭证，应当注明各联的用途，只能以一联作为报销凭证。

一式几联的发票和收据，必须用双面复写纸（发票和收据本身具备复写纸功能的除外）套写，并连续编号。作废时应当加盖“作废”戳记，连同存根一起保存，不得撕毁。

（五）发生销货退回的，除填制退货发票外，还必须有退货验收证明；退款时，必须取得对方的收款收据或者汇款银行的凭证，不得以退货发票代替收据。

（六）职工公出借款凭据，必须附在记账凭证之后。收回借款时，应当另开收据或者退还借据副本，不得退还原借款收据。

（七）经上级有关部门批准的经济业务，应当将批准文件作为原始凭证附件。如果批准文件需要单独归档的，应当在凭证上注明批准机关名称、日期和文件字号。

第四十九条 原始凭证不得涂改、挖补。发现原始凭证有错误的，应当由开出单位重开或者更正，更正处应当加盖开出单位的公章。

第五十条 会计机构、会计人员要根据审核无误的原始凭证填制记账凭证。

记账凭证可以分为收款凭证、付款凭证和转账凭证，也可以使用通用记账凭证。

第五十一条 记账凭证的基本要求是：

（一）记账凭证的内容必须具备：填制凭证的日期；凭证编号；经济业务摘要；会计科目；金额；所附原始凭证张数；填制凭证人员、稽核人员、记账人员、会计机构负责人、会计主管人员签名或者盖章。收款和付款记账凭证还应当由出纳人员签名或者盖章。

以自制的原始凭证或者原始凭证汇总表代替记账凭证的，也必须具备记账凭证应有的项目。

（二）填制记账凭证时，应当对记账凭证进行连续编号。一笔经济业务需要填制两张以上记账凭证的，可以采用分数编号法编号。

（三）记账凭证可以根据每一张原始凭证填制，或者根据若干张同类原始凭证汇总填制，也可以根据原始凭证汇总表填制。但不得将不同内容和类别的原始凭证汇总填制在一张记账凭证上。

（四）除结账和更正错误的记账凭证可以不附原始凭证外，其他记账凭证必须附有原始凭证。如果一张原始凭证涉及几张记账凭证，可以把原始凭证附在一张主要的记账凭证后面，并在其他记账凭证上注明附有该原始凭证的记账凭证的编号或者附原始凭证复印件。

一张原始凭证所列支出需要几个单位共同负担的，应当将其他单位负责的部分，开给对方原始凭证分割单，进行结算。原始凭证分割单必须具备原始凭证的基本内容：凭证名称、填制凭证日期、填制凭证单位名称或者填制人姓名、经办人的签名或者盖章、接受凭证单位名称、经济业务内容、数量、单价、金额和费用分摊情况等。

（五）如果在填制记账凭证时发生错误，应当重新填制。

已经登记入账的记账凭证，在当年内发现填写错误时，可以用红字填写一张与原内容相同的记账凭证，在摘要栏注明“注销某月某日某号凭证”字样，同时再用蓝字重新填制一张正确的记账凭证，注明“订正某月某日某号凭证”字样。如果会计科目没有错误，只是金额错误，也可以将正确数字与错误数字之间的差额，另编一张调整的记账凭证，调增金额用蓝字，调减金额用红字。发现以前年度记账凭证有错误的，应当用蓝字填制一张更正的记账凭证。

（六）记账凭证填制完经济业务事项后，如有空行，应当自金额栏最后一笔金额数字下的空行处至合计数上的空行处划线注销。

第五十二条　填制会计凭证，字迹必须清晰、工整，并符合下列要求：

（一）阿拉伯数字应当一个一个地写，不得连笔写。阿拉伯金额数字前面应当书写货币币种符号或者货币名称简写和币种符号。币种符号与阿拉伯金额数字之间不得留有空白。凡阿拉伯数字前写有币种符号的，数字后面不再写货币单位。

（二）所有以元为单位（其他货币种类为货币基本单位，下同）的阿拉伯数字，除表示单价等情况外，一律填写到角分；无角分的，角位和分位可写“00”，或者符号“-”；有角无分的，分位应当写“0”，不得用符号“-”代替。

（三）汉字大写数字金额如零、壹、贰、叁、肆、伍、陆、柒、捌、玖、拾、佰、仟、万、亿等，一律用正楷或者行书体书写，不得用 0、一、二、三、四、五、六、七、八、九、十等简化字代替，不得任意自造简化字。大写金额数字到元或者角为止的，在“元”或“角”字之后应当写“整”字或“正”字；大写金额数字有分的，分字后面不写“整”或“正”字。

（四）大写金额数字前未印有货币名称的，应当加填货币名称，货币名称与金额数字之间不得留有空白。

（五）阿拉伯金额数字中间有“0”时，汉字大写金额要写“零”字；阿拉伯数字金额中间连续有几个“0”时，汉字与金额中可以只写一个“零”字；阿拉伯金额数字元位是“0”，或者数字中间连续有几个“0”，元位也是“0”，但角位不是“0”时，汉字大写金额可以只写一个“零”字，也可以不写“零”字。

第五十三条　实行会计电算化的单位，对于机制记账凭证，要认真审核，做到会计科目使用正确，数字准确无误。打印出的机制记账凭证要加盖制单人员、审核人员、记账人员及会计机构负责人、会计主管人员印章或者签字。

第五十四条 各单位会计凭证的传递程序应当科学、合理，具体办法由各单位根据会计业务需要自行规定。

第五十五条 会计机构、会计人员要妥善保管会计凭证。

（一）会计凭证应当及时传递，不得积压。

（二）会计凭证登记完毕后，应当按照分类和编号顺序保管，不得散乱丢失。

（三）记账凭证应当连同所附的原始凭证或者原始凭证汇总表，按照编号顺序，折叠整齐，按期装订成册，并加具封面，注明单位名称、年度、月份和起讫日期、凭证种类、起讫号码，由装订人在装订线封签处签名或者盖章。

对于数量过多的原始凭证，可以单独装订保管，在封面上注明记账凭证日期、编号、种类，同时在记账凭证上注明"附件另订"和原始凭证名称及编号。

各种经济合同、存出保证金收据以及涉外文件等重要原始凭证，应当另编目录，单独登记保管，并在有关的记账凭征和原始凭证上相互注明日期和编号。

（四）原始凭证不得外借，其他单位如因特殊原因需要使用原始凭证时，经本单位会计机构负责人、会计主管人员批准，可以复制。向外单位提供的原始凭证复制件，应当在专设的登记簿上登记，并由提供人员和收取人员共同签名或者盖章。

（五）从外单位取得的原始凭证如有遗失，应当取得原开出单位盖有公章的证明，并注明原来凭证的号码、金额和内容等，由经办单位会计机构负责人、会计主管人员和单位领导人批准后，才能代作原始凭证。如果确实无法取得证明的，如火车、轮船、飞机票等凭证，由当事人写出详细情况，由经办单位会计机构负责人、会计主管人员和单位领导人批准后，代作原始凭证。

第三节　登记会计账簿

第五十六条 各单位应当按照国家统一会计制度的规定和会计业务的需要设置会计账簿。会计账簿包括总账、明细账、日记账和其他辅助性账簿。

第五十七条 现金日记账和银行存款日记账必须采用订本式账簿。不得用银行对账单或者其他方法代替日记账。

第五十八条 实行会计电算化的单位，用计算机打印的会计账簿必须连续编号，经审核无误后装订成册，并由记账人员和会计机构负责人、会计主管人员签字或者盖章。

第五十九条 启用会计账簿时，应当在账簿封面上写明单位名称和账簿名称。在账簿扉页上应当附启用表，内容包括：启用日期、账簿页数、记账人员和会计机构负责人、会计主管人员姓名，并加盖名章和单位公章。记账人员或者会计机构负责人、会计主管人员调动工作时，应当注明交接日期、接办人员或者监交人员姓名，并由交接双方人员签名或者盖章。

启用订本式账簿，应当从第一页到最后一页顺序编定页数，不得跳页、缺号。使用活页式账页，应当按账户顺序编号，并须定期装订成册。装订后再按实际使用的账页顺序编写页码。另加目录，记明每个账户的名称和页次。

第六十条 会计人员应当根据审核无误的会计凭证登记会计账簿。登记账簿的基本要求是：

（一）登记会计账簿时，应当将会计凭证日期、编号、业务内容摘要、金额和其他有关资料逐项记入账内，做到数字准确、摘要清楚、登记及时、字迹工整。

（二）登记完毕后，要在记账凭证上签名或者盖章，并注明已经登账的符号，表示已经记账。

（三）账簿中书写的文字和数字上面要留有适当空格，不要写满格，一般应占格距的二分之一。

（四）登记账簿要用蓝黑墨水或者碳素墨水书写，不得使用圆珠笔（银行的复写账簿除外）或者铅笔书写。

（五）下列情况，可以用红色墨水记账：

1. 按照红字冲账的记账凭证，冲销错误记录；
2. 在不设借贷等栏的多栏式账页中，登记减少数；
3. 在三栏式账户的余额栏前，如未印明余额方向的，在余额栏内登记负数余额；
4. 根据国家统一会计制度的规定可以用红字登记的其他会计记录。

（六）各种账簿按页次顺序连续登记，不得跳行、隔页。如果发生跳行、隔页，应当将空行、空页划线注销，或者注明“此行空白”“此页空白”字样，并由记账人员签名或者盖章。

（七）凡需要结出余额的账户，结出余额后，应当在“借或贷”等栏内写明“借”或“贷”等字样。没有余额的账户，应当在“借或贷”等栏内写“平”字，并在余额栏内用“0”表示。

现金日记账和银行存款日记账必须逐日结出余额。

（八）每一账页登记完毕结转下页时，应当结出本页合计数及余额，写在本页最后一行和下页第一行有关栏内，并在摘要栏内分别注明“过次页”和“承前页”字样；也可以将本页合计数及金额只写在下页第一行有关栏内，并在摘要栏内注明“承前页”字样。

对需要结计本月发生额的账户，结计“过次页”的本页合计数应当为自本月初起至本页末上的发生额合计数；对需要结计本年累计发生额的账户，结计“过次页”的本页合计数应当为自年初起至本页末止的累计数；对既不需要结计本月发生额也不需要结计本年累计发生额的账户，可以只将每页末的余额结转次页。

第六十一条 实行会计电算化的单位，总账和明细账应当定期打印。

发生收款和付款业务的，在输入收款凭证和付款凭证的当天必须打印出现金日记账和银行存款日记账，并与库存现金核对无误。

第六十二条 账簿记录发生错误，不准涂改、挖补、刮擦或者用药水消除字迹，不准重新抄写，必须按照下列方法进行更正。

（一）登记账簿时发生错误，应当将错误的文字或者数字划红线注销，但必须使原有字迹仍可辨认；然后在划线上方填写正确的文字或者数字，并由记账人员在更正处盖章。对于错误的数字，应当全部划红线更正，不得只更正其中的错误数字。对于文字错误，可只划去错误的部分。

（二）由于记账凭证错误而使账簿记录发生错误，应当按更正的记账凭记登记账簿。

第六十三条 各单位应当定期对会计账簿记录的有关数字与库存实物、货币资金、有价证券、往来单位或者个人等进行相互核对，保证账证相符、账账相符、账实相符。对账工作每年至少进行一次。

（一）账证核对。核对会计账簿记录与原始凭证、记账凭证的时间、凭证字号、内容、金额是否一致，记账方向是否相符。

（二）账账核对。核对不同会计账簿之间的账簿记录是否相符，包括：总账有关账户余额核对，总账与明细账核对，总账与日记账核对，会计部门的财产物资明细账与财产物资保管和使用部门的有关明细账核对等。

（三）账实核对。核对会计账簿记录与财产等实有数额是否相符。包括：现金日记账账面余额与现金实际库存数相核对；银行存款日记账账面余额定期与银行对账单相核对；各种财物明细账账面余额与财物实存数额相核对；各种应收、应付款明细账账面余额与有关债务、债权单位或者个人核对等。

第六十四条 各单位应当按照规定定期结账。

（一）结账前，必须将本期内所发生的各项经济业务全部登记入账。

（二）结账时，应当结出每个账户的期末余额。需要结出当月发生额的，应当在摘要栏内注明“本月合计”字样，并在下面通栏划单红线。需要结出本年累计发生额的，应当在摘要栏内注明“本年累计”字样，并在下面通栏划单红线；十二月末的“本年累计”就是全年累计发生额。全年累计发生额下面应当通栏划双红线。年度终了结账时，所有总账账户都应当结出全年发生额和年末余额。

（三）年度终了，要把各账户的余额结转到下一会计年度，并在摘要栏注明“结转下年”字样；在下一会计年度新建有关会计账簿的第一行余额栏内填写上年结转的余额，并在摘要栏注明“上年结转”字样。

第四节 编制财务报告

第六十五条 各单位必须按照国家统一会计制度的规定，定期编制财务报告。

财务报告包括会计报表及其说明。会计报表包括会计报表主表、会计报表附表、会计报表附注。

第六十六条 各单位对外报送的财务报告应当根据国家统一会计制度规定的格式和要求编制。

单位内部使用的财务报告，其格式和要求由各单位自行规定。

第六十七条 会计报表应当根据登记完整、核对无误的会计账簿记录和其他有关资料编制，做到数字真实、计算准确、内容完整、说明清楚。

任何人不得篡改或者授意，指使、强令他人篡改会计报表的有关数字。

第六十八条 会计报表之间、会计报表各项目之间，凡有对应关系的数字，应当相互一致。本期会计报表与上期会计报表之间有关的数字应当相互衔接。如果不同会计年度会计报表中的项目的内容和核算方法有变更的，应当在年度会计报表中加以说明。

第六十九条 各单位应当按照国家统一会计制度的规定认真编写会计报表附注及其说明，做到项目齐全，内容完整。

第七十条 各单位应当按照国家规定的期限对外报送财务报告。

对外报送的财务报告，应当依次编定页码，加具封面，装订成册，加盖公章。封面上应当注明：单位名称，单位地址，财务报告所属年度、季度、月度，送出日期，并由单位领导人、总会计师、会计机构负责人、会计主管人员签名或者盖章。

单位领导人对财务报告的合法性、真实性负法律责任。

第七十一条 根据法律和国家有关规定应当对财务报告进行审计的，财务报告编制单位应当先行委托注册会计师进行审计，并将注册会计师出具的审计报告随同财务报告按照规定的期限报送有关部门。

第七十二条 如果发现对外报送的财务报告有错误，应当及时办理更正手续。除更正本单位留存的财务报告外，并应同时通知接受财务报告的单位更正。错误较多的，应当重新编报。

第四章 会计监督

第七十三条 各单位的会计机构、会计人员对本单位的经济活动进行会计监督。

第七十四条 会计机构、会计人员进行会计监督的依据是：

（一）财经法律、法规、规章；

（二）会计法律、法规和国家统一会计制度；

（三）各省、自治区、直辖市财政厅（局）和国务院业务主管部门根据《中华人民共和国会计法》和国家统一会计制度制定的具体实施办法或者补充规定；

（四）各单位根据《中华人民共和国会计法》和国家统一会计制度制定的单位内部会计管理制度；

（五）各单位内部的预算、财务计划、经济计划、业务计划等。

第七十五条 会计机构、会计人员应当对原始凭证进行审核和监督。

对不真实、不合法的原始凭证，不予受理。对弄虚作假、严重违法的原始凭证，在不予受理的同时，应当予以扣留，并及时向单位领导人报告，请求查明原因，追究当事人的责任。

对记载不准确、不完整的原始凭证，予以退回，要求经办人员更正、补充。

第七十六条 会计机构、会计人员对伪造、变造、故意毁灭会计账簿或者账外设账行为，应当制止和纠正；制止和纠正无效的，应当向上级主管单位报告，请求作出处理。

第七十七条 会计机构、会计人员应当对实物、款项进行监督，督促建立并严格执行财产清查制度。发现账簿记录与实物、款项不符时，应当按照国家有关规定进行处理。超出会计机构、会计人员职权范围的，应当立即向本单位领导报告，请求查明原因，作出处理。

第七十八条 会计机构、会计人员对指使、强令编造、篡改财务报告行为，应当制止和纠正；制止和纠正无效的，应当向上级主管单位报告，请求处理。

第七十九条 会计机构、会计人员应当对财务收支进行监督。

（一）对审批手续不全的财务收支，应当退回，要求补充、更正。

（二）对违反规定不纳入单位统一会计核算的财务收支，应当制止和纠正。

（三）对违反国家统一的财政、财务、会计制度规定的财务收支，不予办理。

（四）对认为是违反国家统一的财政、财务、会计制度规定的财务收支，应当制止和纠正；制止和纠正无效的，应当向单位领导人提出书面意见请求处理。

单位领导人应当在接到书面意见起十日内作出书面决定，并对决定承担责任。

（五）对违反国家统一的财政、财务、会计制度规定的财务收支，不予制止和纠正，又不向单位领导人提出书面意见的，也应当承担责任。

（六）对严重违反国家利益和社会公众利益的财务收支，应当向主管单位或者财政、审计、税务机关报告。

第八十条 会计机构、会计人员对违反单位内部会计管理制度的经济活动，应当制止和纠正；制止和纠正无效的，向单位领导人报告，请求处理。

第八十一条 会计机构、会计人员应当对单位制定的预算、财务计划、经济计划、业务计划的执行情况进行监督。

第八十二条 各单位必须依照法律和国家有关规定接受财政、审计、税务等机关的监督，如实提供会计凭证、会计账簿、会计报表和其他会计资料以及有关情况，不得拒绝、隐匿、谎报。

第八十三条 按照法律规定应当委托注册会计师进行审计的单位，应当委托注册会计师进行审计，并配合注册会计师的工作，如实提供会计凭证、会计账簿、会计报表和其他会计资料以及有关情况，不得拒绝、隐匿、谎报，不得示意注册会计师出具不当的审计报告。

第五章　内部会计管理制度

第八十四条 各单位应当根据《中华人民共和国会计法》和国家统一会计制度的规定，结合单位类型和内部管理的需要，建立健全相应的内部会计管理制度。

第八十五条 各单位制定内部会计管理制度应当遵循下列原则：

（一）应当执行法律、法规和国家统一的财务会计制度。

（二）应当体现本单位的生产经营、业务管理的特点和要求。

（三）应当全面规范本单位的各项会计工作，建立健全会计基础，保证会计工作的有序进行。

（四）应当科学、合理，便于操作和执行。

（五）应当定期检查执行情况。

（六）应当根据管理需要和执行中的问题不断完善。

第八十六条 各单位应当建立内部会计管理体系。主要内容包括：单位领导人、总会计师对会计工作的领导职责；会计部门及其会计机构负责人、会计主管人员的职责、权限；会计部门与其他职能部门的关系；会计核算的组织形式等。

第八十七条 各单位应当建立会计人员岗位责任制度。主要内容包括：会计人员的工作岗位设置；各会计工作岗位的职责和标准；各会计工作岗位的人员和具体分工；会计工作岗位的轮换办法；对各会计工作岗位的考核办法。

第八十八条 各单位应当建立账务处理程序制度。主要内容包括：会计科目及其明细科目的设置和使用；会计凭证的格式、审核要求和传递程序；会计核算方法；会计账簿的设置；编制会计报表的种类和要求；单位会计指标体系。

第八十九条 各单位应当建立内部牵制制度。主要内容包括：内部牵制制度的原则；组织分工；出纳岗位的职责和限制条件；有关岗位的职责和权限。

第九十条 各单位应当建立稽核制度。主要内容包括：稽核工作的组织形式和具体分工；稽核工作的职责、权限；审核会计凭证和复核会计账簿、会计报表的方法。

第九十一条 各单位应当建立原始记录管理制度。主要内容包括：原始记录的内容和填制办法；原始记录的格式；原始记录的审核；原始记录填制人的责任；原始记录签署、传递、汇集要求。

第九十二条 各单位应当建立定额管理制度。主要内容包括：定额管理的范围；制定和修订定额的依据、程序和方法；定额的执行；定额考核和奖惩办法等。

第九十三条 各单位应当建立计量验收制度。主要内容包括：计量检测手段和方法；计量验收管理的要求；计量验收人员的责任和奖惩办法。

第九十四条 各单位应当建立财产清查制度。主要内容包括：财产清查的范围；财产清查的组织；财产清查的期限和方法；对财产清查中发现问题的处理办法；对财产管理人员的奖惩办法。

第九十五条 各单位应当建立财务收支审批制度。主要内容包括：财务收支审批人员和审批权限；财务收支审批程序；财务收支审批人员的责任。

第九十六条 实行成本核算的单位应当建立成本核算制度。主要内容包括：成本核算的对象；成本核算的方法和程序；成本分析等。

第九十七条 各单位应当建立财务会计分析制度。主要内容包括：财务会计分析的主要内容；财务会计分析的基本要求和组织程序；财务会计分析的具体方法；财务会计分析报告的编写要求等。

第六章 附 则

第九十八条 本规范所称国家统一会计制度，是指由财政部制定、或者财政部与国务院有关部门联合制定、或者经财政部审核批准的在全国范围内统一执行的会计规章、准则、办法等规范性文件。

本规范所称会计主管人员，是指不设置会计机构、只在其他机构中设置专职会计人员的单位行使会计机构负责人职权的人员。

本规范第三章第二节和第三节关于填制会计凭证、登记会计账簿的规定，除特别指出外，一般适用于手工记账。实行会计电算化的单位，填制会计凭证和登记会计账簿的有关要求，应当符合财政部关于会计电算化的有关规定。

第九十九条 各省、自治区、直辖市财政厅（局）、国务院各业务主管部门可以根据本规范的原则，结合本地区、本部门的具体情况，制定具体实施办法，报财政部备案。

第一百条 本规范由财政部负责解释、修改。

第一百零一条 本规范自公布之日起实施。1984 年 4 月 24 日财政部发布的《会计人员工作规则》同时废止。

财政部

1996 年 6 月 17 日 财会字〔1996〕19 号

附录 C 企业会计准则——基本准则

第一章 总 则

第一条 为了规范企业会计确认、计量和报告行为，保证会计信息质量，根据《中华人民共和国会计法》和其他有关法律、行政法规，制定本准则。

第二条 本准则适用于在中华人民共和国境内设立的企业（包括公司，下同）。

第三条 企业会计准则包括基本准则和具体准则，具体准则的制定应当遵循本准则。

第四条 企业应当编制财务会计报告（又称财务报告，下同）。财务会计报告的目标是向财务会计报告使用者提供与企业财务状况、经营成果和现金流量等有关的会计信息，反映企业管理层受托责任履行情况，有助于财务会计报告使用者做出经济决策。

财务会计报告使用者包括投资者、债权人、政府及其有关部门和社会公众等。

第五条 企业应当对其本身发生的交易或者事项进行会计确认、计量和报告。

第六条 企业会计确认、计量和报告应当以持续经营为前提。

第七条 企业应当划分会计期间，分期结算账目和编制财务会计报告。

会计期间分为年度和中期。中期是指短于一个完整的会计年度的报告期间。

第八条 企业会计应当以货币计量。

第九条 企业应当以权责发生制为基础进行会计确认、计量和报告。

第十条 企业应当按照交易或者事项的经济特征确定会计要素。会计要素包括资产、负债、所有者权益、收入、费用和利润。

第十一条 企业应当采用借贷记账法记账。

第二章 会计信息质量要求

第十二条 企业应当以实际发生的交易或者事项为依据进行会计确认、计量和报告，如实反映符合确认和计量要求的各项会计要素及其他相关信息，保证会计信息真实可靠、内容完整。

第十三条 企业提供的会计信息应当与财务会计报告使用者的经济决策需要相关，有助于财务会计报告使用者对企业过去、现在或者未来的情况作出评价或者预测。

第十四条 企业提供的会计信息应当清晰明了，便于财务会计报告使用者理解和使用。

第十五条 企业提供的会计信息应当具有可比性。

同一企业不同时期发生的相同或者相似的交易或者事项，应当采用一致的会计政策，不得随意变更。确需变更的，应当在附注中说明。

不同企业发生的相同或者相似的交易或者事项，应当采用规定的会计政策，确保会计信息口径一致、相互可比，

第十六条 企业应当按照交易或者事项的经济实质进行会计确认、计量和报告，不应仅以交易或者事项的法律形式为依据。

第十七条 企业提供的会计信息应当反映与企业财务状况、经营成果和现金流量等有关的所有重要交易或者事项。

第十八条 企业对交易或者事项进行会计确认、计量和报告应当保持应有的谨慎，不应高估资产或者收益、低估负债或者费用。

第十九条 企业对于已经发生的交易或者事项，应当及时进行会计确认、计量和报告，不得提前或者延后。

第三章 资　产

第二十条 资产是指企业过去的交易或者事项形成的、由企业拥有或者控制的、预期会给企业带来经济利益的资源。

前款所指的企业过去的交易或者事项包括购买、生产、建造行为或其他交易或者事项。预期在未来发生的交易或者事项不形成资产。

由企业拥有或者控制，是指企业享有某项资源的所有权，或者虽然不享有某项资源的所有权，但该资源能被企业所控制。

预期会给企业带来经济利益，是指直接或者间接导致现金和现金等价物流入企业的潜力。

第二十一条 符合本准则第二十条规定的资产定义的资源，在同时满足以下条件时，确认为资产：

（一）与该资源有关的经济利益很可能流入企业；

（二）该资源的成本或者价值能够可靠地计量。

第二十二条 符合资产定义和资产确认条件的项目，应当列入资产负债表；符合资产定义、但不符合资产确认条件的项目，不应当列入资产负债表。

第四章 负 债

第二十三条 负债是指企业过去的交易或者事项形成的、预期会导致经济利益流出企业的现时义务。

现时义务是指企业在现行条件下已承担的义务。未来发生的交易或者事项形成的义务，不属于现时义务，不应当确认为负债。

第二十四条 符合本准则第二十三条规定的负债定义的义务，在同时满足以下条件时，确认为负债：

（一）与该义务有关的经济利益很可能流出企业；

（二）未来流出的经济利益的金额能够可靠地计量。

第二十五条 符合负债定义和负债确认条件的项目，应当列入资产负债表；符合负债定义，但不符合负债确认条件的项目，不应当列入资产负债表。

第五章 所有者权益

第二十六条 所有者权益是指企业资产扣除负债后由所有者享有的剩余权益。

公司的所有者权益又称为股东权益。

第二十七条 所有者权益的来源包括所有者投入的资本、直接计入所有者权益的利得和损失、留存收益等。

直接计入所有者权益的利得和损失，是指不应计入当期损益、会导致所有者权益发生增减变动的、与所有者投入资本或者向所有者分配利润无关的利得或者损失。

利得是指由企业非日常活动所形成的、会导致所有者权益增加的、与所有者投入资本无关的经济利益的流入。

损失是指由企业非日常活动所发生的、会导致所有者权益减少的、与向所有者分配利润无关的经济利益的流出。

第二十八条 所有者权益金额取决于资产和负债的计量。

第二十九条 所有者权益项目应当列入资产负债表。

第六章 收 入

第三十条 收入是指企业在日常活动中形成的、会导致所有者权益增加的、与所有者投入资本无关的经济利益的总流入。

第三十一条 收入只有在经济利益很可能流入从而导致企业资产增加或者负债减少、且经济利益的流入额能够可靠计量时才能予以确认。

第三十二条 符合收入定义和收入确认条件的项目，应当列入利润表。

第七章 费 用

第三十三条 费用是指企业在日常活动中发生的、会导致所有者权益减少的、与向所有者分配利润无关的经济利益的总流出。

第三十四条 费用只有在经济利益很可能流出从而导致企业资产减少或者负债增加、且经济利益的流出额能够可靠计量时才能予以确认。

第三十五条 企业为生产产品、提供劳务等发生的可归属于产品成本、劳务成本等的费用，应当在确认产品销售收入、劳务收入等时，将已销售产品、已提供劳务的成本等计入当期损益。

企业发生的支出不产生经济利益的，或者即使能够产生经济利益但不符合或者不再符合资产确认条件的，应当在发生时确认为费用，计入当期损益。

企业发生的交易或者事项导致其承担了一项负债而又不确认为一项资产的，应当在发生时确认为费用，计入当期损益。

第三十六条 符合费用定义和费用确认条件的项目，应当列入利润表。

第八章 利 润

第三十七条 利润是指企业在一定会计期间的经营成果，利润包括收入减去费用后的净额、直接计入当期利润的利得和损失等。

第三十八条 直接计入当期利润的利得和损失，是指应当计入当期损益、会导致所有者权益发生增减变动的、与所有者投入资本或者向所有者分配利润无关的利得或者损失。

第三十九条 利润金额取决于收入和费用、直接计入当期利润的利得和损失金额的计量。

第四十条 利润项目应当列入利润表。

第九章 会 计 计 量

第四十一条 企业在将符合确认条件的会计要素登记入账并列报于会计报表及其附注（又称财务报表，下同）时，应当按照规定的会计计量属性进行计量，确定其金额。

第四十二条 会计计量属性主要包括：

（一）历史成本。在历史成本计量下，资产按照购置时支付的现金或者现金等价物的金额，或者按照购置资产时所付出的对价的公允价值计量。负债按照因承担现时义务而实际收到的款项或者资产的金额，或者承担现时义务的合同金额，或者按照日常活动中为偿还负债预期需要支付的现金或者现金等价物的金额计量。

（二）重置成本。在重置成本计量下，资产按照现在购买相同或者相似资产所需支付的现金或者现金等价物的金额计量。负债按照现在偿付该项债务所需支付的现金或者现金等价物的金额计量。

（三）可变现净值。在可变现净值计量下，资产按照其正常对外销售所能收到现金或者现金等价物的金额扣减该资产至完工时估计将要发生的成本、估计的销售费用以及相关税费后的金额计量。

（四）现值。在现值计量下，资产按照预计从其持续使用和最终处置中所产生的未来净现金流入量的折现金额计量。负债按照预计期限内需要偿还的未来净现金流出量的折现金额计量。

（五）公允价值。在公允价值计量下，资产和负债按照在公平交易中，熟悉情况的交易双方自愿进行资产交换或者债务清偿的金额计量。

第四十三条 企业在对会计要素进行计量时，一般应当采用历史成本，采用重置成本、可变现净值、现值、公允价值计量的，应当保证所确定的会计要素金额能够取得并可靠计量。

第十章 财务会计报告

第四十四条 财务会计报告是指企业对外提供的反映企业某一特定日期的财务状况和某一会计期间的经营成果、现金流量等会计信息的文件。

财务会计报告包括会计报表及其附注和其他应当在财务会计报告中披露的相关信息和资料。会计报表至少应当包括资产负债表、利润表、现金流量表等报表。

小企业编制的会计报表可以不包括现金流量表。

第四十五条 资产负债表是指反映企业在某一特定日期的财务状况的会计报表。

第四十六条 利润表是指反映企业在一定会计期间的经营成果的会计报表。

第四十七条 现金流量表是指反映企业在一定会计期间的现金和现金等价物流入和流出的会计报表。

第四十八条 附注是指对在会计报表中列示项目所作的进一步说明，以及对未能在这些报表中列示项目的说明等。

第十一章 附 则

第四十九条 本准则由财政部负责解释。

第五十条 本准则自 2007 年 1 月 1 起施行。

参考文献

[1] 程淮中. 会计职业基础实训（第二版）. 北京：高等教育出版社，2014.

[2] 张岐. 基础会计实训（第二版）. 北京：电子工业出版社，2014.

[3] 刘晓峰. 基础会计模拟实训教程. 北京：机械工业出版社，2006.

[4] 梁飞媛. 基础会计实践教程——教学案例与技能训练. 北京：中国物资出版社，2012.

[5] 朱虹，周雪艳. 基础会计务——原理、实务、案例、实训. 大连：东北财经大学出版社，2010.

[6] 赵丽生. 会计模拟实训. 北京：经济科学出版社，2007.